Como Salvar Nuestro Planeta ¡HOY!

ESCRITO POR: #JELGuatemala

Marla Rodas de Ramírez
Directora de #JELGuatemala

Miriam Burbano
Presidente y Fundadora de #JEL

Como Salvar Nuestro Planeta ¡HOY!

Todos los derechos reservados 2020

#JEL
Jóvenes Escritores Latinos

Miriam Burbano, Presidente y Fundadora de #JEL
info@jel2014.org
msburbano@gmail.com

Marla Rodas de Ramírez, Directora de #JELGuatemala
escritoraypoetisamarlarodas@gmail.com

ISBN: **978-1-7334880-5-1**
Editorial #JEL
info@jel2014.org
Impreso en USA

Editora: Marla Rodas de Ramírez
Fotografías de niños de la portada: Edgar Chiviliu
Diseño de portada: Frank Lugo

Derechos de venta y distribución
Escritora Marla Rodas de Ramírez, Directora de
#JELGuatemala
(Jóvenes Escritores Latinos - Guatemala)

Índice

SALVANDO NUESTRO PLANETA HOY
Por: Escritora #JEL Miriam Burbano

Unos dicen que fue explosión,
otros que fue un acto de amor.
La verdad eso no importa ya,
lo importante es cuidarla como
se cuida a nuestra propia madre.

Un hogar es más que paredes,
es el planeta completo.
Nuestra Madre Tierra nos cuida
y nos provee igual que una madre
protege y cuida a sus hijos.

Con la ayuda de su amigo el Sol,
vivimos calientitos durante el día
y disfrutamos de su brillante luz.
Por las noches se acomoda para que
la luna nos abrace en la penumbra.

Sus rotaciones y sus traslaciones
bien calculadas están para ayudar
con alimentos y la vida misma.
Los campos nos brindan de comer
sus frutos, los ríos de beber y sus mares.

Pero la avaricia y el poco sentido
común de sus hijos, los humanos,
rompieron todas las reglas de vida.
Las reglas de los animales siendo
animales, respetan al pie de la letra.

Para vivir, ser felices y nutridos,
grandes graneros no son necesarios.
Tampoco lo son los tanques de
reserva de sus aguas dulces.
Todo estaba calculado al 100.

Hasta en el alimento para el alma
pensó cuando dibujó sus paisajes.
Solo basta abrir los ojos en campo
abierto, para sentir nuestra alma
completa, satisfecha de su belleza.

Con todo su amor de Madre,
la Tierra llenó su vientre de
minerales y piedras preciosas.
Pero todo lo mal entendimos y
le despedazamos sus entrañas.

Obedeciendo a nuestra avaricia
desmedida, contaminamos el agua,
rompimos su manto zonal,
para luego llorar las lastimaduras
de nuestros propios cuerpos.

Y cuando creíamos que todo
estaba perdido, de la nada aparece
un salvador que castiga al hombre
y devuelve la frescura a nuestra
Pachamama dejándola respirar.

Ahora sabemos que si hay remedio
para salvar a nuestro planeta.
No es un espejismo. Si cambiamos
nuestra ambición desmedida,
podremos salvar al planeta tierra.

Sigamos juntos en resistencia,
las petroleras ya han caído.
Juntando nuestras mentes
podremos, sin duda, continuar.

SALVANDO NUESTRO PLANETA HOY

SALVANDO NUESTRO PLANETA HOY
Por: Escritora #JEL Marla Rodas

Salvar nuestro planeta ¡Hoy!
Nos da más razones para vivir mejor.

La naturaleza tuvo que rebelarse
y ordenarnos a NO seguir
contaminando el aire
¡A no destruir los pulmones del planeta!

Estamos obligados a quedarnos en casa
los más vulnerables, tristes,
otros, envueltos al destierro.

Sin imaginar, que de un día para otro,
estamos escondidos… ¡Asustados!
Preguntando ¿Qué le ha pasado al mundo?

La mama tierra
restaura sus heridas,
las que hemos causado.

La naturaleza en su esplendor
se sana poco a poco,
la miramos desde nuestra ventana
como animales cautivos.
Vemos; cómo sus colores grises
han vuelto a revivir
en deslumbrantes colores.

Estar en cuarentena
por esta pandemia,
salir solo por emergencia,
buscar insumos a la ligera,
con la moda del momento,
guantes y mascarilla.
Seguir con el distanciamiento social.
seis pies de distancia.
¡Sin abrazos!

Llega a mi memoria los recuerdos
de mis tiempos de niña,
el virus más común ¡Eran los piojos!
El distanciamiento social era diferente,
tomar distancia para no contagiarse.

Para combatir el COVID 19
hay que quedarnos en casa,
tener la mejor higiene.
La mejor medicina es:
recordar los bellos momentos
que se compartieron a tiempo.

Volví a escribir cartas,
a enviar postales con estampilla,
decirle a una amiga,
a un ser querido,
¡Quiero volver a verte!

¡Extrañar!
Se ha vuelto estado de emergencia.
¡Valorar!
Es mantener tu distancia social.
¡Amar!
Es salvarte de la muerte
sin abrazos, sin besos.
¡Amistad!
Es mantenerse en casa a salvo.

¡Salvar a nuestro planeta!
Es usar el sentido común.

Dedicatoria

Esta antología está dedicada a los jóvenes que expresaron sus sentimientos a través de cada verso, de cada prosa, de cada fragmento de letras, con el fin de llevar un mensaje a cada ser humano, que nuestro planeta pide a gritos auxilio, que paremos de seguir destruyendo su suelo.

Esta antología también es dedicada a los padres, familias y amistades de cada uno de estos jóvenes escritores y poetas, por dejarlos volar en el cielo de la imaginación y que a otros les pusieron alas, para que a su corta edad puedan dejar huella plasmada en letras, expresando sus deseos de salvar a nuestro planeta.

Agradecimiento

De parte de los organizadores de esta antología, damos infinitas gracias al director Samuel Gilberto y a la maestra de ESL Wendy de Anda, de la escuela Johnnie L Cochran Middle School, por darnos la oportunidad de transmitir a los niños y jóvenes el deseo de escribir sus pensamientos y participar en la antología "Como salvar nuestro planeta, HOY"

En esta convocatoria, una estudiante de dicha escuela se entusiasmó para ser parte de este proyecto, los demás participantes son de residencia en Guatemala y California.

Con esta antología abrimos el espacio de #JEL-Guatemala (Jóvenes escritores latinos en Guatemala)

Agradecemos también al subdirector de Misión Guatemala USA Aroldo Ramírez, por el apoyo incondicional que le brinda a su esposa, la escritora y poeta Marla Rodas de Ramírez en los diferentes proyectos en pro de nuestra comunidad y sobre todo de la niñez y la juventud.

Agradecemos a los padres por apoyar a sus hijos en este proyecto y en todo lo que ellos realizan, para tener un mundo mejor.

"Curemos nuestra forma de pensar, para poder cuidar de nosotros mismos y por ende a nuestro planeta"

Marla Rodas

Prólogo

Escritor y poeta: Ismar Escobar

Ismar Ronaldo Escobar Monterroso, nació el 10 de noviembre de 1989, en San Juan Ostuncalco, Quetzaltenango (Guatemala).

A la edad de diecinueve años emigró a los Estados Unidos, donde empezó a escribir.

A los pocos años de su llegada, publicó su primer libro; "Amor, luz y espinas"

Su segunda obra es; "El tiempo, el azar y la mujeres"

La tierra está teniendo cambios drásticos y fatales, incendios forestales, terremotos, extinción de especies.

Esto es en gran parte culpa de nosotros los seres humanos, que día a día contaminamos el medio ambiente.

En los últimos años han habido grandes cambios, no todos han sido para bien, ya que en su mayoría, se han convertido en alertas, cada uno de nosotros está contribuyendo a que la tierra esté en peligro y nosotros con ella, nos enfrentamos a una extinción, no habrá retorno.

Por eso es importante recordar que debemos empezar a actuar cuanto antes, debemos dejar de quejarnos y empezar a hacer algo, algo que ayude a reducir la contaminación, dejar de consumir demasiadas cosas innecesarias, es importante recordar que vendrán otras generaciones y debemos dejarles herramientas para que la humanidad no perezca.

Hay muchas cosas que podemos hacer para evitar la contaminación, reciclar, reusar y también debemos separarnos del masivo grupo de gente que sólo se dedica a hacer circo de los problemas que nos aquejan.

Debemos recuperar la tranquilidad, saber que la vida irá mejor, y que las futuras generaciones estarán seguras, debemos inculcar a nuestros hijos las enseñanzas que hemos aprendido nosotros, para hacer de la tierra un mejor hogar. Nada es peor que quedarse con los brazos cruzados, viendo cómo las montañas de hielo se desbaratan y se convierten en agua, condenando a las especies a vivir en un lugar donde no es su hábitat.

No es bueno silenciar todo lo que está sucediendo, está pasando y debemos hacer algo.

Esta batalla no está perdida y la esperanza se está fortaleciendo, ya que el talento y el buen corazón de los jóvenes se está haciendo presente, con alegría vemos que hay muchos jóvenes dispuestos a colaborar y a hacer su parte, así como el grupo de jóvenes que en esta antología ponen su talento narrativo y poético para hacer un llamado a todos, para que juntos frenemos esto, podemos hacerlo juntos, debemos usar nuestro arte para hacer los llamados necesarios y crear conciencia de las cosas que están pasando, el quedarnos de brazos cruzados no ayudará, por eso es admirable ver que en esta antología, los jóvenes han puesto lo mejor de sí mismos para despertar y empezar a actuar.

Amigo lector, que nada de lo que en esta antología está escrito sea en vano, apoyemos a la juventud, a los niños, para que por este medio el mensaje llegue claro y definido, la naturaleza, la tierra y la supervivencia está en peligro, por eso es necesario que todos hagamos nuestra parte.

En esta antología los jóvenes y adolescentes claman porque todos seamos responsables y actuemos, cambiando nuestra forma de pensar y de ver las cosas.

La lucha ya empezó y no va a terminar hasta que los océanos estén limpios, los ríos y lagos no estén contaminados, es deber de todos y por eso es importante escuchar a nuestros jóvenes que en esta obra ponen todo de sí para que juntos mejoremos, juntos podemos hacerlo.

Vamos a hacerlo. Espero que disfruten esta antología y que la esperanza de los jóvenes siga siempre estando firme y que los cambios se vean.

Recordemos que planetas hay más, pero habitables sólo la tierra;

¡Cuidémosla!

Ismar Escobar

Prefacio
Músico: Christopher Ramírez

1(323) 943-7292 chrstphrrmrz@gmail.com

Nacido en Los Ángeles, California; enero 13, 1989
De padres guatemaltecos.
Su objetivo es trabajar en equipo sirviendo a la comunidad con integridad y amor.
Apasionado por el arte, con profunda entrega a la música.
Talentoso músico y compositor. Bilingüe
Estudiante de Los Angeles City College (Mental Health Certificate) (Human Service Program). Voluntario donde le dicte su corazón, actualmente apoya a Guate Escribe Foundation.

Hablar sobre cuidar nuestro planeta, no se trata solo de compartir las publicaciones en nuestras redes sociales y que le den la vuelta al mundo, si nosotros no actuamos en poner nuestro aporte para mejorar nuestro medio ambiente, eso no sirve de mucho. Si todas las personas que leemos y vemos esas publicaciones, tomáramos conciencia y lo lleváramos a la práctica, el planeta no estaría agonizando.

No somos capaces de dejar de ensuciar, tantas campañas de reforestación, limpieza y reciclaje, sin embargo, las ignoramos. Si fuéramos capaces de llevar nuestra botella para el agua, llevar nuestro vaso para el café, nuestra pajilla reciclable, nuestros cubiertos para comer fuera, solo con esos hábitos, los cambios serían grandiosos.

Pero si le agregamos, sembrar más plantas, más árboles, más flores, reconstruyéramos a nuestro planeta en gran magnitud… Y si todavía le agregamos, enseñar a los demás nuestros hábitos y costumbres, el impacto en nuestra fauna y flora sería a gran escala.

Es doloroso saber que son asesinados los defensores del medio ambiente, ¿Por qué?, por razones obvias, a las grandes industrias no les interesa la vida humana, menos la vida de la naturaleza y si nosotros no paramos con el consumismo, somos cómplices de esas muertes.

Si dejáramos de consumir gaseosa, le haríamos un beneficio a nuestra salud y al medio ambiente, pero no tomamos conciencia de los daños que causan estas industrias a nuestra ecología y a nuestra salud...Pero preferimos seguir dañando a nuestro planeta " igual todos lo hacen", es nuestro pensamiento absurdo.

No te pido que recojas la basura de otros, solo te ruego que no tires tu basura donde no debes.

Cuidar de la tierra es un compromiso y deber de todos; los cambios climáticos nos están afectando y acabando con la flora y fauna, hay que despertar de lo idiotizado que nos tiene la tecnología, aún no es demasiado tarde para hacer el cambio y dejar un medio ambiente natural para nuestras futuras generaciones. si no tomamos acción, tendremos una generación sobreviviendo con un respirador artificial, porque ya no habrá oxígeno ni tendrán el privilegio de disfrutar la sombra de un árbol, porque no lo conocerán y solo será parte de una historia que un día existió.

Vemos cómo invierten en guerras, en fábricas tóxicas, en querer descubrir vida en otros planetas y a nuestra tierra la destruimos y no salvamos la vida de nuestros semejantes.

Cada día la historia está al revés, destruyen árboles de 100 o más años y resguardan edificios antiguos como patrimonio, que ironía de nosotros los seres humanos.

Cuando recorro la ciudad en auto o a pie, disfruto del pavimento, pero sobre todo de la naturaleza, hay casas con hermosos jardines, pero mi corazón se arruga de ver que frente a esa casa que han cuidado con mucho amor y esmero, pasa alguien sin conciencia y deja su basura frente a esa casa, en lugar de guardarla y botarla en el lugar adecuado.

O algún joven sin educación, pinta su enojo, su protesta o su resentimiento, en esas paredes que no son de su propiedad y destruye lo que a otra persona le ha costado construir, este joven debería invertir su destreza en dejar un mejor futuro a su generación y exponer su arte de otra manera.

Pongamos nuestro granito de esfuerzo y hagamos el cambio… que el Creador proteja a la Pachamama.

Christopher Ramírez

De la Directora
Escritora Marla Rodas de Ramírez

Malacatán, San Marcos, Guatemala (Enero 1972) (Maestra de Educación) sin ejercer.
Emigró a EE.UU a los 18 años. Completó 2 años en el curso de Computación Asociado a Los Negocios, 2 años en Cosmetología, ambos en Miami, Florida.

Trabajo literario:
Ha escrito poesía en las antologías
"Palabras al Viento" 2009. (Centro de Estudios Poéticos) Madrid, España.
"Pinceladas de mi infancia" 2018. California, USA
"Navidades a la tica" 2019. California, USA

Libros publicados:
"Segmentos de Agonía" en USA 2010 (Poesía)
"Caminos sin Rumbo" en Guatemala 2015 (Poesía)
"Suspiros en Poesía" en USA 2017 (Poesía)
"Voces de la humanidad" en USA 2019 (Poesía)
"Destino Migrante" en USA 2020 (Novela)

"Embajadora de Buena Voluntad" por "Golden Rules"de Embajador Clydes Rivers, Noviembre, 2017.

Directora de arte y cultura en la organización MISIÓN GUATEMALA USA.

Fundadora y CEO de "Guate Escribe Foundation" Entidad sin fines de lucro. Su enfoque primordial es llevar un granito de maíz a la educación de niños de la zona rural de su natal Malacatán.

Miembro activo de #JEL (Jóvenes Escritores Latinos) y Directora de #JEL-Guatemala.
Ha sido reconocida por su labor a la comunidad y por su talento poético.

Salvemos nuestro planeta

Cualquier espacio de la tierra
es radiante con un árbol o tantas flores
es como la sonrisa en el rostro
brindando belleza natural sin rubores.

Las ciudades sin basura
evita enfermedades y atrae frescura
es como la boca recién lavada
aliento fresco de madrugada.

Mis ojos se humedecen
al ver a la juventud destruir,
pintan de oscuridad y terror
no construyen su propio porvenir.

Se deteriora la naturaleza
se destruye la humanidad
se pierde la conciencia.

¡Basta ya!
Por tu generación, por piedad.
La tierra pide a gritos
auxilio a tanto maltrato.
Arden sus bosques milenarios
se extinguen las abejas, los canarios.

Morimos lentamente
no nos damos cuenta,
aumentan las epidemias
quieren ir a vivir a la luna,
y no hay solución a la hambruna.

Marla Rodas de Ramírez

De la Presidente y Fundadora de #JELUSA
Escritora Miriam Burbano

MIRIAM BURBANO

Hablar de Miriam Burbano para dar a conocer sus iniciativas, su personalidad y sus logros no es fácil, pues su amor por los demás la ha involucrado en muchas actividades que hasta se podría escribir un libro.

Con todas esas incursiones donde ha dejado su huella de mujer comprometida que vive intensamente los sueños conquistados, es simple detectar que su historia la convierte en heroína real y no personaje sacado de escritos de ciencia ficción.

En esta nota resaltamos apenas algunos de esos aportes que la hacen merecedora del Premio Juliano que se entrega a personas que brindan el aporte social para alcanzar un mundo mejor.

¿Por qué Miriam Burbano es Premio Juliano 2018?

Como educadora de profesión, Miriam tiene certificación ESOL del Instituto de Lenguas de Oxford y asistió a la Universidad Estatal de California, Los Ángeles, y se siente comprometida a empoderar a los Latinos a través de la educación. Educar a las mujeres es una de sus constantes búsquedas para romper el ciclo de desigualdad en la sociedad.

En el 2001 Miriam se convirtió en co-fundadora de la "Escuela Academia de Liderazgo", en un área marginada de Los Ángeles. Trabajó también en el Instituto de Política Juvenil que supervisa programas con más de 2,000 estudiantes que reciben servicios gratuitos de tutoría académica.

Ha trabajado en la Junta Directiva de varias organizaciones sin fines de lucro, es fundadora de MBC-Education, organización que se dedica a empoderar a la gente a través de la educación, incluyendo publicar libros. Miriam es co-fundadora de RevolutionEnglish.Org, donde utiliza la tecnología para enseñar habilidades lingüísticas a estudiantes de todo el mundo.

Miriam es fundadora del Club Fuerza Migrante, organización que trabaja para motivar y otorgar becas a estudiantes que cursan estudios superiores. Actualmente es Directora del Departamento de Idiomas de la Universidad Politécnica Nacional.

Este impresionante resumé de trabajo le ha valido reconocimientos nacionales e internacionales. En el 2014 recibió el Premio LOFT de Maestros Innovadores de parte de la Fundación de la Herencia Hispana y también fue galardonada con el premio "Líder 2014" de parte de LA Future Leadership, Inc., una organización sin fines de lucro dedicada al trabajo con jóvenes en áreas de liderazgo, comunicación y artes. En el 2015 recibió el Premio "Activista del Año" por la Unión de Guatemaltecos Emigrantes en América (UGE Américas). En el 2016 obtuvo el título de "Embajadora de la Paz", otorgado por Le Cercle Universel de la Paix, Francia. En este mismo año, Miriam recibió el premio "Mujer Activista 2016" otorgado por la Asambleísta de California Patty López. En el 2017 Miriam recibe dos premios: Tributo Ecuatoriano USA en la ciudad de Nueva York y Premio al Liderazgo en la ciudad de Los Ángeles de parte del Club Luz de América donde comparte escenarios con la ganadora del Emmy Norma Roque.

Miriam Burbano, es ecuatoriana que por azares del destino se siente ciudadana del mundo y especialmente tiene apego centroamericano, pues tiene "dos casi hijos", como ella les llama, Koky y Carlos que son nacidos en San Salvador. Koky se acaba de graduar de ingeniero de la Universidad Politécnica de California y Carlos tiene una licenciatura en Bioquímica de UCLA.

Ellos son como su familia, dice Miriam y los ha bautizado como orgullo salvadoreño. Por esto y por muchas otras satisfacciones, nos dice Miriam que se identifica con ese tejido social de lo "guanaco". Parte de su historia se nutre del activismo y varios líderes locales la denominan pilar Latinoamericano. Su trabajo como activista no conoce banderas ni idiomas puesto que la vemos trabajando con organizaciones de diferentes países.

En su proyecto actual trabaja con jóvenes migrantes para promover el amor por la literatura en español y ha fundado la organización Jóvenes Escritores Latinos o #JEL, un grupo de trabajo comunitario que beneficia a hombres y mujeres jóvenes al abrir un espacio para crear activistas literarios quienes utilizan las letras como herramientas para concientizar a los gobiernos de las necesidades del pueblo. Esta organización ayuda a los que necesiten trabajar en antologías y publicar libros para engrandecer la cultura hispana en los Estados Unidos y otros países. Hasta el momento #JEL tiene su núcleo en Los Ángeles, California y sedes en El Salvador, Colombia,

Ecuador y México.

También como escritora ha dejado huella ya que Miriam Burbano publicó "La Pequeña Casa Azul," un libro infantil, "Cantando Medio Siglo", poemario comunitario y ha curado y coordinado proyectos literarios como la antología "Memorias Migrantes", ha publicado poemas y ha recibido el título de " Vicepresidente y Faro de Paz " del prestigioso Instituto Internacional Manuel Leyva y la Sociedad Iberoamericana de Poetas, Escritores y Artistas, SIPEA.

Actualmente Miriam es la Presidente de la Asociación de Escritores Latinoamericanos en Los Ángeles, ADELA.

Miriam también es miembro de la junta directiva de Latinas Public Service Academy - LAtinas, un programa que se dedica a formar jóvenes latinas como futuras líderes políticas y fue presidenta de National Women Political Caucus. En estas organizaciones se trabaja para lograr la igualdad de género en el área de servicio público.

En su tiempo libre, Miriam enseña clases de GED a la comunidad de adultos que no terminaron la preparatoria y así lograr el certificado de educación general que les permita continuar carreras académicas en la universidad o el campo laboral.

El sueño de Miriam es fundar una cooperativa de vivienda de transición para apoyar a las mujeres que debido a la maternidad no pueden continuar su educación universitaria.

En su vida personal, la pasión de Miriam

Burbano es trabajar en temas de justicia social como su gran labor para que los indocumentados lograran obtener licencia de conducir, la reforma migratoria y los esfuerzos por la dignidad y el respeto a los inmigrantes temas que la han llevado hasta el Vaticano para llevar cartas de los indocumentados al Papa Francisco.

Como ven, así como lo apuntamos al comienzo de esta nota, no es fácil hablar de Miriam Burbano que hoy suma un reconocimiento más, el PREMIO JULIANO, que se otorga con mucha sinceridad dentro de la perspectiva Juliana.

Estamos seguros de que no existen dudas, a su merecimiento de nuestro otorgado aplauso por la labor que aún sigue realizando para los que quieren salir adelante. Su aporte incansable es digno de imitar, de reconocer y de compartir para decir que Miriam Burbano es una completa heroína y el producto real del amor, de su compromiso y amplio deseo de AYUDAR.

Miriam no es un personaje inventado, ya que en su propia historia ha devuelto parte de lo obtenido de esta comunidad al educar y vivir con la convicción de que el ser humano transita en esta vida de manera temporal y que los menos afortunados merecen TAMBIÉN una oportunidad de vivir mejor.

Escrito por: Manuel Olmos

Descripción de la antología:

"*Como Salvar Nuestro Planeta ¡HOY!*", es una antología escrita por jóvenes de origen guatemalteco, bajo la dirección de la escritora y poeta Marla Rodas de Ramírez y el apoyo de la activista y escritora Miriam Burbano.

Esta antología tiene como fin despertar conciencia a todo el mundo a través de las letras de jóvenes que luchan a diario para tener un planeta libre de tanta contaminación ambiental. Nuestros niños y jóvenes son nuestro presente y futuro, no dejemos un pasado lleno de desechos y que ellos tengan que sufrir nuestros malos hábitos.

Cada jovencito y jovencita expresan en diferentes géneros literarios su sentir ante la destrucción del medio ambiente, con cada experiencia que adquieren en su diario vivir, elaboran mensajes positivos en diferentes formas para no perder la esperanza de rescatar a nuestro planeta hoy.

Los jóvenes y niños que participan en esta antología nos dejan un mensaje claro y limpio que debemos tomar en cuenta.

Algunos de ellos son residentes en Estados Unidos y otros residen en Guatemala.

¡Todavía te veo viva, todavía puedo salvarte madre tierra!
Poeta y Escritora Marla Rodas

Escritora #JEL-Guatemala
Karla Rubí Moran Ramos

13 años de edad y tiene dos hermanos.

Creció en una aldea llamada Chiquistepeque. Su meta es graduarse de profesora y escribir su propio libro.

Estudios: Primaria en la escuela oficial rural mixta, aldea Chiquistepeque. Secundaria en la escuela INED E INEB La Vega Mazatenango, Suchitepéquez.

El 13 de agosto del 2019, emigró a Estados Unidos junto a su madre y hermana, para reencontrarse con su padre.

Sigue logrando éxitos, aunque la tristeza embarga a su corazón por la ausencia de su hermano mayor que se quedó en Guatemala. Actualmente estudia octavo grado en JOHNNIE L. COCHRAN JR. MIDDLE SCHOOL, Los Ángeles, California. Su enfoque principal es estudiar mucho y poder salir adelante.

Belleza natural

En Guatemala hay lugares
y lagos muy hermosos,
uno de ellos es el lago de Atitlán
es muy visitado por turistas,
escritores, habitantes, fotógrafos.

Muchos lagos de Guatemala
antes eran muy atractivos
y muy visitados por su belleza,
hoy en día están contaminados
todos los días tiramos basura en ellos.

Poco a poco
se van acabando los lagos
por la contaminación
que nosotros mismos hacemos.

Deberíamos de ya no tirar basura
para que la belleza de la naturaleza
ni de los lagos, se pierdan.

Ya no deberíamos quemar basura,
deberíamos recoger
y reciclar la basura
ya no dejarla tirada…

Como Salvar Nuestro Planeta !HOY!

Los padres deberían de inculcar a sus hijos
que no tiren la basura
porque eso hace
que contaminemos el medio ambiente.

Recolectemos para tener un mundo mejor,
debemos de sembrar árboles
para el bien de la naturaleza
y para el bien del ser humano.

Porque poco a poco
se están muriendo los árboles
y los árboles hacen
que uno pueda tener oxígeno.

Debemos sembrar árboles
para que el aire que respiramos
no sea aire tóxico y no enfermarnos.

Cuidemos nuestro planeta, ¡Hoy!
para que no se contamine
mucho y más de lo que ya está.

Reciclemos de ahora en adelante
para un futuro mejor
que no se acabe la belleza del medio ambiente.

"Salvemos nuestro planeta"
ya no a la contaminación,
Hoy, ya estoy comenzando a reciclar
y ya no tiro la basura.

Quisiera que cada uno de ustedes
tome conciencia para ya no seguir
contaminando nuestro planeta.

Karla Rubí Moran Ramos

Escritor #JEL-Guatemala
Fabio Lara

Mi Nombre es Fabio Lara y yo soy puro guatemalteco, porque los dos de mis padres son de Guatemala.

Nací el 7 de enero del 2007.

Estudié en Fred Ekstrand Elementary School

Actualmente estudio séptimo grado en Lone Hill Middle School.

Fui parte de la antología "Anthology of poetry by young americans" 2017.

Me gusta participar en varias actividades incluyendo lucha y banda donde toco la flauta y estoy en el proceso de tocar guitarra en mi banda de jazz. Estoy orgulloso de ser guatemalteco como mis papás.

La gran naturaleza

Desde las flores hasta los volcanes
el clima está hirviendo
pero el amor se va subiendo
la tierra es bella.

Pero contaminada con la guerra
hay sangre en el agua
hay muerte en cada lado.

Madre naturaleza te han dejado
con violencia y sin raíces.

Estamos mejorando
pero también vamos empeorando.
La generación anterior te ha dejado dañada.

Pero pienso que podemos arreglar
y mejorar nuestro mundo
que se está quemando con humo.

Un mundo y eléctrico
que se está convirtiendo en un infierno.

Este mundo se va a salvar poquito a poco
el mundo es muy bello
hay lugares que no son así.

Como Salvar Nuestro Planeta !HOY!

Pero el mundo va mejorando
y te podemos hacer como al principio.

La industria te va dañando
pero no todos los humanos son crueles.

Podemos ayudar si nos dejas
con nuevas leyes
vamos a ayudar poco por poco.

El gobierno está ayudando
pero también pudriendo.
Los negocios se ponen peores
con el gobierno empezando
guerra otra vez.

El humano es cruel,
por una parte ayuda,
con eso se debía de recordar
que este mundo es nuestro.

De todos los animales
y de todos los humanos
somos los únicos que podemos ayudar
porque nosotros lo empezamos.

La gran naturaleza tan bella
que puede contener nuestra vida.

Hemos dañado este planeta
y lo tenemos que regresar a su forma gloriosa .

Podemos ayudar pero eso tiene que incluir a todos.
!Salvemos a la gran naturaleza!

Fabian Lara

Escritora #JEL-Guatemala
Ebony Zaidée Chávez Castro

Joven guatemalteca, de 19 años; actualmente, con residencia en Malacatán, San Marcos, Guatemala. Desde muy pequeña, le interesó los libros y la poesía, ganadora de los primeros lugares en concurso de declamación en el colegio y una de las mejores a nivel interescolar. Sus padres, Elisban Chávez y Adilia Castro, le han apoyado en su fascinación por la literatura, leyendo y opinando sobre sus primeras redacciones. Recientemente, cursa un Técnico universitario en Ciencias de la Salud. Considera que los pequeños cambios en el estilo de vida, pueden salvar nuestro planeta…

Salva el planeta, siendo líder

"Podemos seguir culpando a la extensa cadena de la industria de los múltiples problemas ambientales, o bien, convertirnos en líderes locales de la revolución ambientalista haciendo que, pequeños cambios promuevan una serie de acciones que logren la diferencia..."

¿Te parecen conocidas las frases: "si los demás no lo hacen, ¿por qué yo sí tendría que hacerlo?", "yo cargando mi basura en la mochila y otros tirando bolsas en cualquier lugar" o "lo que yo hago, no afecta tanto al planeta"?

Podría asegurar que, muchos de nosotros hemos escuchado exclamaciones como las anteriores o similares a ellas; son varias personas que comparten esa mentalidad y en realidad, ninguno de ellos e incluso nosotros, había reflexionado en la magnitud considerable de individuos que integran ese grupo y no solamente eso sería lo impactante, lo más lamentable es que, cada día hay más personas con ese vago pensar.

De alguna manera, un porcentaje de esos planteamientos sería real si, solo fuera una persona en todo el país con ese comportamiento, pero al unirse todos, la realidad es otra.

En redes sociales, circulan videos donde los expositores dan a conocer el impacto anual de una sola persona consumiendo productos básicos (papel, agua, ropa, cepillo de dientes, dentífrico, jabón, empaques de los alimentos y otros), al día, alguien promedio genera alrededor de 1.3kg de residuos, lo que se convierte al año en casi ½ tonelada de basura, todo eso sin contar lo generado por la empresa para fabricar cada producto. El daño que cada uno causa, es impresionante, somos una generación consumista, las empresas nos ven como pequeñas minas de oro y crean cualquier objeto inservible pero llamativo, para generar ganancias millonarias y, ¿Les importa el efecto que pueden provocar al planeta? Por supuesto que no, la mayoría de ellos, se enfocan en el capitalismo. Podemos seguir culpando a la extensa cadena de la industria de los múltiples problemas ambientales, o bien, convertirnos en líderes locales de la revolución ambientalista haciendo que, pequeños cambios promuevan una serie de acciones que logren la diferencia. Claro está, para lograr un cambio notorio, tendrán que pasar varios años y se debe tener paciencia, es mejor comenzar ahora y no esperar el tener que cargar con tanques de oxígeno sobre la espalda (para poder respirar), buscando soluciones desesperadas por recuperar algo ya perdido. Estamos acostumbrados a implementar acciones cuando el problema ya existe, deberíamos aprender a prevenir, a promocionar una cultura medioambiental sana y estable. Aunque, hablar de un cambio en cultura sería extenso y conlleva citar varios estudios sociales, se puede mencionar lo esencial, aquello que es necesario para comenzar a realizar cambios:

La cultura es el conjunto de conocimientos y prácticas de un estilo de vida que se comparte entre un grupo de individuos o la población completa de un territorio; entonces, si quiero que esa cultura sea positiva, teniendo yo el conocimiento, puedo proceder a realizar la práctica: reduciendo mi consumo de productos, disminuyendo el gasto de energía, cuidando los recursos naturales, reciclando los desechos, cambiando el carro por una bicicleta o un colectivo e incluso por una caminata, llevar bolsa de tela o canastas para ir al mercado, hasta podemos reducir el consumo de bolsas, platos y tenedores, al utilizar recipientes para transportar cualquier tipo de carne comprada en el mercado o los alimentos ya preparados que adquirimos en los puestos callejeros o los restaurantes.

En conclusión, YO puedo ser el cambio, TÚ puedes ser el cambio.

No te encierres en la idea de no poder hacer algo por el planeta, tu ayuda es significativa, porque aparte de lo que le ahorras al medio ambiente en cuestión de consumo, también le ayudas siendo ejemplo, promueves en el entorno tu cultura de amistad con la madre Tierra y eso se transmite poco a poco verás que, con el tiempo, los demás adoptarán esas acciones. Entonces, infórmate, practica, promueve y defiende todo lo que digas y hagas por Salvar al Planeta.

¿Seguirás sin hacer algo porque alguien más no lo hace o decidirás convertirte en el líder que el mundo necesita?

Ebony Zaidée Chávez Castro

Escritora #JEL-Guatemala
Allyson Ivanna Chávez Castro

Niña guatemalteca de 12 años, actualmente demostró interés en las matemáticas, cursa 6to grado de primaria, estudia en el Colegio Privado Santa Lucía, de Malacatán, San Marcos, Guatemala. Desde párvulos entró al cuadro de honor. Desde pequeña quiere alcanzar sus metas de corto, medio y largo plazo. Ha demostrado amor a los animales, ha concursado en oratoria y declamación, hija de Elisban Chávez y Adilia Castro, hermana de Ebony y Marlon Chávez Castro, la frase que siempre la guía es "Ser pililías", la cual fue dicha por ella misma desde pequeña; también es portera de su equipo de fútbol, han ganado 2 veces entre grados.

Salvando a nuestro planeta

Cuando hablamos de salvar al planeta significa que nosotros tenemos que cooperar y ayudar a no contaminar, o destruir a nuestro planeta, nosotros como seres humanos cuando nos lastimamos sentimos dolor, tal vez no nos damos cuenta que nuestro planeta siente lo mismo que nosotros, pero para que no lo sienta, nosotros tenemos que cambiar, a no contaminar, dar ejemplos a personas para que hagan grupos sociales para salvar a nuestro planeta.

Podemos hacer varias cosas para salvarlo, pero para eso se necesita ayuda no solo personal, sino espiritual para eso podemos reciclar objetos como de plástico, cartón, vidrio y lata, podemos utilizar cosas que podrían ayudar a disminuir la contaminación.

Al hablar de salvar; significa poder ayudar a rescatar lo perdido, pensemos un poco que no se ha perdido en nuestro planeta, podemos ver varios casos donde el planeta se está perdiendo, pero nosotros podemos hacer el cambio ahora, mañana, pero un día vamos hacer un cambio, podemos trabajar ahora mismo para salvarlo o recuperar los recuerdos buenos donde la naturaleza reinaba en el planeta, démonos cuenta en las cosas perdidas que podemos salvar.

Cuando nosotros nos demos cuenta del planeta que nos va a quedar en el futuro, que nos quedará para futuras generaciones, que cuentas le daremos cuando quieran hacer el cambio, ellos pueden ser iguales que nosotros que se puedan rendir a corto plazo o a medio, no sabemos.

Al saber todo eso pensemos si podemos salvar al planeta, con todos esos casos, prometámonos que cambiaremos este planeta, en vez de destrucción a restauración.

Podemos salvarlo plantando flores, árboles, no talándolos o cortando esos bellos seres que también sienten dolor, amor y tristeza al ver su hogar todo destruido, contaminado, lleno de dolor al ver como nuestro planeta está.

Todos casi no tenemos los mismos sentimientos, aunque mis palabras no cambien a estas personas, que tenemos, yo sé que puedo hacer mucho para salvarlo; lo que fue y lo que va hacer.

Bueno, no todos se basan en esto, pero yo me enfoco en cambiar, para entregar cuentas primero tenemos que hacer el cambio en nosotros y en nuestro planeta.

Las palabras no son suficientes para cambiar a todos sino hacer que se den cuenta en los sentimientos de nuestra madre tierra, me da tristeza ver cómo está, que hay personas que no honran lo que tenemos, la belleza de lo que nos queda de la naturaleza, no hay mucho que decir, solo hacer el cambio, pero podemos pedir a nuestro Dios que nos guíe hacia el camino correcto y derecho para poder hacerlo.

Porque va a haber crisis donde necesitaremos a nuestro planeta, pero cuando recordemos que él nos necesitaba más, ahí es donde nos daremos cuenta de las fallas que cometimos.

¡Salvemos al planeta!

Allyson Ivanna Chávez Castro

Escritor #JEL-Guatemala
Diego Ismael Petzey Mendoza

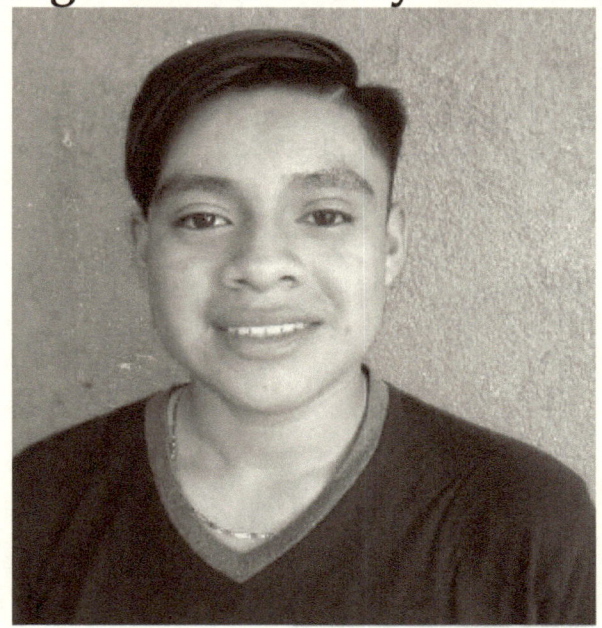

Diego Ismael nació el 11 de marzo de 2004 en el municipio de Santiago Atitlán, Sololá, país Guatemala.

En el año 2016 cursó su primaria en la Escuela Oficial Rural Mixta Cantón Panaj de Santiago Atitlán.

En el año 2017 inició sus estudios del nivel básico en el Instituto de Educación Básica por Cooperativa Santiago Atitlán.

En el año 2020 inició el diversificado, en la Normal Bilingüe Intercultural (ENBI) de Santiago Atitlán, para la carrera de Maestro de Educación Infantil Bilingüe Intercultural.

Salva el planeta

El planeta es un espacio de vida,
limpiándola cada día,
la salvaremos en seguida.

Juntando fuerzas, llegaremos a la meta;
si quieres salvar tu vida
limpia el planeta cada día.

Por cada hoja que reciclemos,
la vida de un árbol prevalece,
por cada árbol que plantemos,
otro año viviremos.

Los árboles nos dan oxígeno,
el oxígeno nos da vida,
cuidando el medio ambiente,
disfrutaremos de la vida.
Nos conviene reciclar,
para poder ahorrar y,
a nuestro planeta,
dejar de intoxicar.

Mientras cuidemos el agua,
le damos vida a los peces;
si desperdiciamos agua,
cometeremos muchos pecados.

Como Salvar Nuestro Planeta !HOY!

Reciclando la basura,
al mundo le damos hermosura;
no exponiendo humo,
respiramos aire puro.

Hay espacio para la gente y,
hay espacio para su arte;
capacitando profundamente,
habrá un tiempo para salvarte.

El cielo es azul,
la tierra verde;
si cuidas el planeta ahora,
me alegraré de verte.

Cuida la naturaleza,
porque si se muere,
se te acabará la vida
y tú habrás sido el culpable.

La ropa es importante,
el aire es indispensable;
no contaminado el aire,
tendremos una vida saludable.

Cuando todos, solo
pensaban en lastimarte,
yo solo pensaba
en salvarte.

Suertudos somos los humanos,
viviendo en un mundo
lleno de diversiones;
entonces digo,
cuidando el mundo
gozaremos de más diversiones.

Limpiando las calles,
encontraremos las llaves
las que abren las puertas
de una vida más saludable.

El aire susurra
que quiere estar puro,
sin humo en los cielos,
se curan los ciegos.

Diego Ismael Petzey Mendoza

Escritora #JEL-Guatemala
Wendy Rebeca Mesia Petzey

Wendy Rebeca nació el 30 de Octubre de 2002 en el municipio de Santiago Atitlán, país Guatemala.
En el año 2014 cursó su primaria en la Escuela Oficial Rural Mixta Cantón Panaj de Santiago Atitlán.

En el año 2018 inició sus estudios del nivel básico en el Instituto Núcleo Familiar Educativo para el Desarrollo (NUFED No. 34) de este mismo municipio.

En el año 2018 recibió el diploma de parte de la Institución Ruk'u'x de Santiago Atitlán durante el programa educacional "Descubriendo Historias Escondidas". En el año 2019 recibió el Diploma de parte de la Institución de Educación Especial de Santiago Atitlán "Por un mundo igual para todos y todas" en el programa Estudiantes con Necesidades especiales con y sin discapacidad con la lectura.

Juntos cuidando el planeta donde vivimos

Érase una vez en un pueblo muy hermoso donde la naturaleza era casi mágica, lloraba un niño recién nacido. En una humilde casa, Doña Juana y su esposo José están muy felices de que su hijo naciera.

Días después lo nombraron Esteban, en honor al abuelo de José, esta familia vivía cerca de un hermoso lago que brillaba como un cristal, era muy encantador y a José siempre le gustaba bañarse en él, a Juana le encantaba contemplar la belleza de la naturaleza, a las dos personas les gustaba disfrutar de todo eso.

Años después, le enseñaron a su hijo a que amara a la naturaleza y ser un protector de él.

A Esteban le gustaba ir a todas partes, hacía muchas travesuras, su pasión era nadar como su padre, él veía lo hermoso que era la naturaleza y siempre le agradecía a Dios, por la oportunidad de vivir allí, su lema era: "Cuidar nuestro planeta porque es nuestra obligación". A él le encantaba pescar, siempre pescaba muchos peces de diferentes tamaños, especialmente los más grandes.

El agua era muy limpia y transparente, que a Esteban le gustaba verse reflejado en ella y en silencio se decía; soy tan guapo… se reía.

Las calles del pueblo estaban limpias y todas las personas estaban muy felices de disfrutar el medio ambiente y los domingos, muchas personas venían a la orilla del lago para hacer su picnic o para almorzar, disfrutaban la sombra de los árboles, el aire fresco, las flores y especialmente el maravilloso lago.

Pasó algún tiempo y al llegar se dio cuenta de muchos cambios a su alrededor y lo peor de todo es que había mucha basura en las calles. Se dijo así mismo; ¿Qué ha sucedido? Las personas no eran amistosas ni les importaba cuánta cantidad de basura había en la puerta de sus casas, pero cuando Esteban llegó cerca del lago se espantó porque el lago estaba bien contaminado, era horrible lo que había pasado con el hermoso lago de cristal, cuando vio todo lo que le había pasado al medio ambiente, le dio un ataque al corazón, se sintió tan mal que luego empezó a llorar, todo lo que era hermoso en su tiempo fue como una fantasía porque en ese momento todo se había destruido en un abrir y cerrar de ojos.

Cuando se sintió mal del corazón, regresó al hospital y ahí le entró una depresión porque lo que sus ojos habían visto, era algo grave, pero luego reflexionó y se preguntó, ¿Qué estoy haciendo, yo fui y soy el protector de la naturaleza?

Y de ahí pensó en que debería empezar por hacer algo en ese momento para cuidar su planeta, antes de que su corazón se pusiera mal nuevamente, debía mantener su lema y su promesa. Luego regresó, pero traía consigo mismo una gran autoestima y una decisión extremadamente positiva.

Primero vio un grupo de jóvenes que solo estaban tecleando en sus teléfonos móviles, sin importarles la contaminación de sus alrededores; él se les acercó y les habló de la importancia de la naturaleza, que por medio de ello vivimos, porque es nuestra obligación cuidarla, no obviar y porque tenemos una relación muy estrecha con la naturaleza; a la misma vez les compartió su lema de cuidar a nuestro planeta y que juntos pudieran y unieran esfuerzos para rescatar al medio que los rodea.

Pero casi todos los jóvenes lo ignoraron, algunos le tuvieron lástima, pero Litzi una joven que comprendió y entendió todo lo que Esteban trataba de decirles, porque era más que una verdad que a nadie le importaba.

Litzi les quería decir a sus compañeros que Esteban tenía razón, pero solo se quedó callada, porque temía que sus amigos se burlaran de ella, porque a ninguno de ellos le importaba tener y practicar un buen hábito respecto al cuidado del medio ambiente. Esteban vio que a ninguno de los jóvenes le interesaba realizar algo para cuidar el medio ambiente, él empezó con una iniciativa barriendo todas las calles y recogiendo basura, reciclando, sembrando diferentes especies de plantas, limpiaba el lago sacando basura, empezó a hacer muchas cosas para cuidar y salvar a la naturaleza.

Iba a cada lugar con su bastón y con una sonrisa, porque en su corazón sentía que era el momento de actuar y ser el protector de la naturaleza, pero sobretodo no fallarle a sus padres de lo que ellos le habían enseñado cuando era pequeño; él quería ser un ejemplo para los jóvenes de la nueva generación.

Durante el comienzo de su iniciativa; muchas personas murmuraban que él era un viejo que se volvió loco, pero él no le dio importancia. Cuando Litzi vio las buenas acciones que estaba realizando Esteban, sintió que ella debía formar parte de esa iniciativa. Un día ella decidió ayudar a Esteban, se le acercó y empezó a recoger la basura con él; Esteban se sintió feliz de poder tener una acompañante.

Cuando sus amigos la vieron se rieron de ella, pero a Litzi no le importó, en ese momento a Esteban le dió otro ataque al corazón por la enfermedad que tenía, cuando los amigos de Litzi vieron eso, reflexionaron porque se sorprendieron que a pesar de que Esteban estaba viejo y enfermo todavía estaba rescatando a la naturaleza.

Marvin uno de los chicos burlones, se le acercó al anciano y Esteban le dijo que él era un protector de la naturaleza, justamente como le dijeron a Esteban hace años, y todo los jóvenes valoraron el esfuerzo de Esteban, decidieron ayudarlo, formaron parte del cuidado del planeta, juntos hicieron acciones para ayudar al medio ambiente, sacaron grandes cantidades de basura del lago, no utilizaron bolsas plásticas, colocaron contenedores para depositar la basura en su respectivo lugar y no tirarla en las calles, mucho menos en las orillas del lago y para que las personas empezaran a practicar inculcando en ellos buenos modales para tales iniciativas; barrieron las calles, sembraron arbolitos en todas partes del pueblo.

Al final cuando las otras personas vieron toda esta iniciativa, decidieron a ayudarlos, todos juntos entendieron que cuidar a la naturaleza era una responsabilidad y obligación de todos y todas.

Al ver que todos juntos colaboraron, pudieron rescatar a la naturaleza, Litzi y sus amigos dijeron que no querían dejar de cuidar el medio ambiente con su nuevo lema "JUNTOS CUIDANDO EL PLANETA DONDE VIVIMOS", se sintieron felices porque era una iniciativa maravillosa que habían realizado y conseguido y que lo seguirán haciendo por el resto de sus vidas. En la vida de Esteban era un logro único y especial que había conseguido; hasta que un día descansó en paz llevándose consigo un poquito de esta tierra sagrada que lo vió nacer. Esteban fue un protector de la naturaleza porque había hecho todo lo imposible para cuidar y rescatar a nuestro planeta en toda su vida y fue un hombre ejemplar para las siguientes generaciones. En su tumba escribieron en un epitafio una pregunta que Esteban le exhortaba a todas las personas cuando aún vivía y dice de la siguiente manera: "YO CUIDÉ EL PLANETA TIERRA" Y TÚ, ¿QUÉ HARÁS POR ELLA?

Wendy Rebeca Mesía Petzey

Escritora #JEL-Guatemala
Valery Nayattly Bardales Yaxcal

Originaria de Puerto Barrios Izabal, Guatemala, nació el 10 de junio 2000

Estudios primarios en la escuela Obed Cisneros Aldana, Básico en el Instituto INEBE Dr. Luis Pasteur.

Bachillerato en el Instituto Mixto ¨ADONAI¨, actualmente estudiante de ingeniería Industrial en la Universidad Rural de Guatemala

Una joven con grandes inquietudes, humilde y creativa, ama sobre todas las cosas a Dios y a su familia.

Sus sueños son lograr sus metas y mantener un corazón humilde y ayudar al prójimo.

Miembro de #JEL (Jóvenes escritores latinos)

Primavera Silenciosa

La obligación de resistir.

La historia de la vida en la tierra ha sido una historia de interacción entre los seres vivos y su entorno. En gran medida, la forma física y el carácter de la vegetación terrestre y de su vida animal, han sido moldeados por el ambiente.

Si se considera la totalidad de la duración de la existencia de la Tierra, el efecto contrario, en el que la vida modifica realmente su entorno, ha sido relativamente moderado. Sólo dentro del momento de tiempo representado por el presente siglo, una especie (el hombre) ha adquirido una capacidad significativa para alterar la naturaleza de su mundo.

RACHEL CARSON.

He escogido este fragmento de la obra, porque relata lo que hoy en día está sucediendo en nuestra actualidad, nuestro planeta ha dado un tremendo giro el cual lo hace irreconocible, los seres humanos nos hemos encargado de alterar y destruir nuestro hábitat el lugar hermoso donde habitamos los seres humanos.

Nos hemos convertido en nuestro propio destructor, estamos en pocas palabras envenenando nuestro planeta las amenazas varían pero se pueden recopilar las que más están impactando, como por ejemplo: el deterioro de los océanos, el calentamiento en el ártico, el cambio climático, destrucción de la flora y fauna en fin son muchas las amenazas hoy en día y no nos damos cuenta de ello, por la falta de conciencia, la avaricia de la sociedad y el pensar que, la gran variedad de especies

(mamíferos, aves, reptiles y plantas) eran inagotables.

Recapitulando lo antes mencionado, somos depredadores del planeta y lo dañamos de distintas formas, sin embargo, no nos damos cuenta de que nos estamos dañando a nosotros mismos, ya que el planeta tierra es nuestro hábitat y si el sufre daños nosotros también, pero ¿Qué pasaría si tomáramos conciencia? ¿Qué pasaría si dejáramos de causar tanto daño? ¿Se lo han preguntado? ¡Yo sí!

Quizá el planeta no volvería hacer el mismo de años atrás, pero reduciremos sus cicatrices, ¿Por qué no ayudarlo? No es tan difícil si se propone, somos millones de personas de distintos lugares, con distintos recursos naturales, diferentes especies de animales, distintos paisajes, que, por cierto, son muy hermosos.

Yo creo en la posibilidad de ayudar y cuidar nuestro planeta, es el único espacio que hace posible nuestra existencia, destruimos nuestros ecosistemas, como si estos, no nos ofrecieran servicios de vida y sostenibilidad.

Nuestra falta de amor por la naturaleza, nos está haciendo destructores de nuestro propio hogar, de nuestra propia extinción y la extinción del único planeta que poseemos, nos pertenece y el cual nos brinda las mejores condiciones para la vida humana.

Es fundamental que del planeta, esté disponible para nosotros su naturaleza, ya que de ahí proviene nuestros recursos básicos, nuestros árboles ayudan a purificar el aire, sin oxígeno, no podríamos vivir.

Es momento de tomar conciencia de cuidar, ayudar, y no dañar, pensemos en nuestras futuras generaciones, ¿nos gustaría que vivieran en un ambiente contaminado? Claro que no, en lo personal quisiera que mi futura generación viviera en un ambiente limpio, sin ningún tipo de contaminación, donde tuvieran la libertad de explorar, de admirar la belleza de los paisajes y sus animales, en fin, el planeta está rodeado de cosas maravillosas, y es una lástima que no todo el mundo lo vea así.

Valery Nayattly Bardales Yaxcal

Entrevista de Edgar Nicolás Chiviliú Quinac a niños y jóvenes; sobre la pandemia COVID 19

JUICIO Y SENTIR

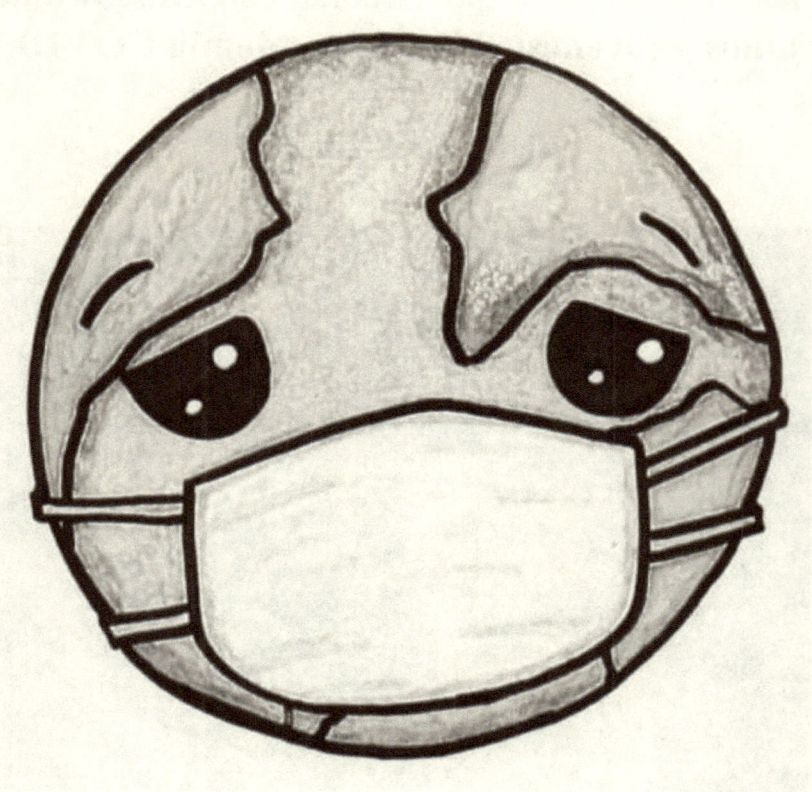

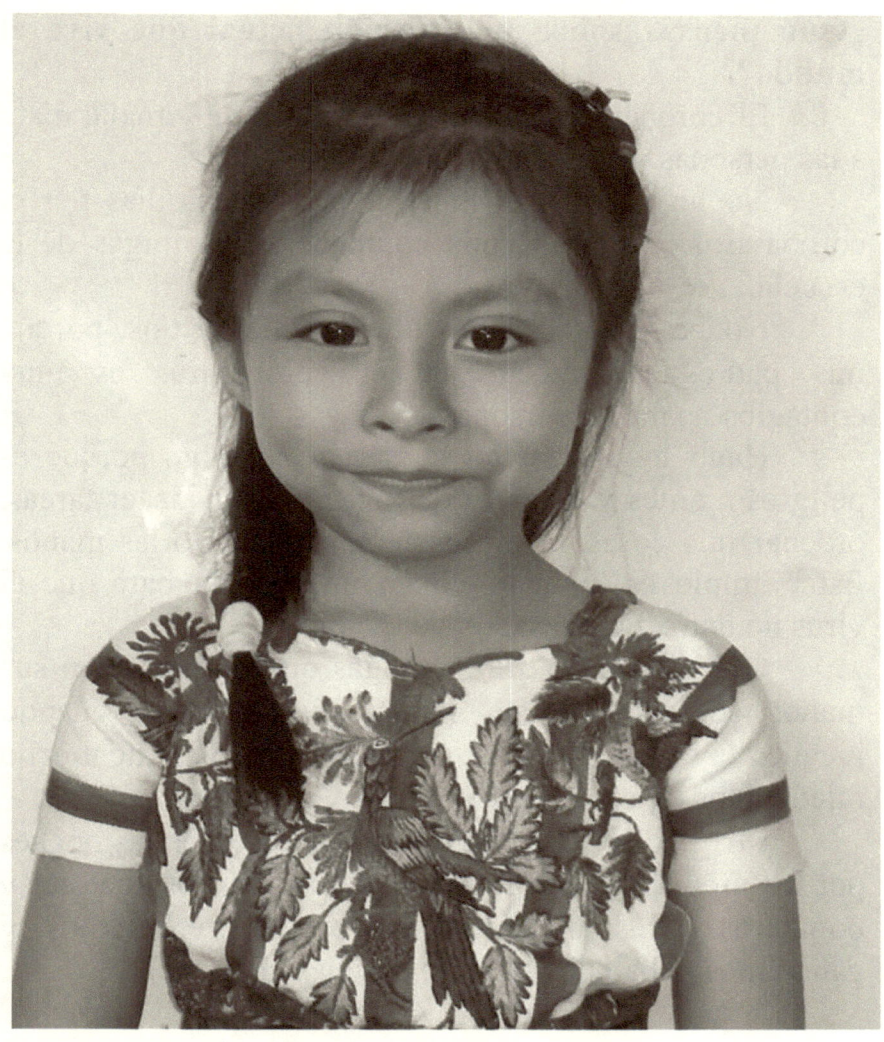

Nombre: Andrea Dayana Pablo Chiviliú
Edad: 6 años
Comunidad de origen: Cantón Panul, Santiago Atitlán, Sololá, Guatemala.
Nivel académico: preprimaria
Institución donde estudia: Escuela Oficial Rural Mixta Cantón Panul J.M. Santiago Atitlán.

¿Qué piensas sobre la situación actual que vive el mundo?

El coronavirus es una enfermedad muy mala, mata a las personas y a muchos niños.

No he visto a mi maestra en muchos días por el coronavirus, extraño a mis compañeras y amigas de la escuela.

No he visitado a mis abuelos, tías y tíos, porque mis padres me dicen que el coronavirus es muy contagioso para las personas.

Hago mis tareas en la casa y no salgo porque es peligroso, antes y después de jugar, comer, hacer tareas, ordenar mis cosas y dormir siempre me lavo las manos. Estar limpio es lo mejor dicen mis padres para que el virus no entre a mi casa.

Quiero decirle a mis amigas que limpien bien sus manos, sus cabellos, sus camas, sus juguetes o cuando jueguen con sus mascotas, porque el virus le tiene mucho miedo a los niños que están limpios.

Mis padres y yo, rezamos a Dios todas las noches por los niños de todo el mundo y por todos los doctores y bomberos. Mis amigas y yo pronto venceremos y ganaremos la batalla contra el coronavirus.

Andrea Dayana Pablo Chiviliú

Nombre: Mercy Paola Petzey Mendoza
Edad: 12 años
Comunidad de origen: Cantón Panaj, Santiago Atitlán, Sololá, Guatemala.
Nivel académico: Primero Básico
Institución donde estudia: Instituto de Educación Básica por Cooperativa IEBSA de Santiago Atitlán.

¿Qué piensas sobre la situación actual que vive el mundo?

Estos meses han sido duros para mi familia en donde han sucedido muchas cosas como lo es la enfermedad del COVID19. Mis abuelos me dicen que ellos pasaron una vez la misma situación; para mí es la primera experiencia. Me parece devastador que las iglesias, mercados, escuelas y tiendas estén cerradas por esta pandemia a nivel mundial.

Mi familia y yo hemos estado en casa, me da miedo porque mi papá sale a trabajar de día porque él es el héroe de la casa, mi mamá dice que los precios de las cosas han subido mucho, por lo que mi papá tiene que salir a trabajar.

No he ido a la escuela muchos días ya, porque es arriesgado para nuestra salud estar afuera cerca de otras personas que no sabemos si están contagiados o no.

Esta enfermedad es difícil para las personas de la tercera edad, mi abuela no ha viajado a vender sus frutas, ella

siempre que llegaba de vender nos daba dinero para comprar lo que nosotros deseábamos; pero ahora ella se ha quedado en casa para no contagiarse de COVID19 y cuidar de su salud. Yo la amo mucho, porque ella es muy importante para mí.

Igual pasa con los bebés, ellos son delicados y no hay que sacarlos, ni al patio.

Oro mucho por los campesinos y agricultores de mi hermoso pueblo, porque ellos salen a trabajar cada día para sustentar a sus familias y porque ellos no tienen un horario de trabajo, no quiero que se contagien del COVID19; también espero que nuestro alcalde pueda perdonarlos

y protegerlos cuando a veces llegan después de las 4:00 de la tarde, pues el toque de queda no espera y los policías están allí vigilando.

Mi mamá dice que las mujeres que venden en el mercado, venden sus productos muy rápido porque solo tienen permiso unas cuantas horas para ofrecer y vender sus productos, ojalá que las personas que tienen dinero puedan comprar sus productos para que regresen felices a su casa; yo les digo a los jóvenes que, sí tienen abuelos o abuelas que venden en los mercados, que los ayuden a ir a vender sus productos o por lo menos puedan regalarle una mascarilla a ellos, para que nuestros abuelos no arriesguen su salud y que puedan vivir más tiempo con nosotros.

Digo a las personas que compren de una vez sus cosas para que no estén saliendo a cada rato a las tiendas y mercados para evitar el contagio del COVID-19.

Cada vez que las personas van al mercado, en las calles, a la tienda, deben desinfectar las manos, los zapatos y la ropa, para no contagiar a nuestros seres queridos que están sanos en la casa.

Evitemos el contagio, limpiemos donde vivimos, cuidemos nuestra vida y la de los demás, porque la vida es única, si la perdemos no podremos recuperarla.

Dios les bendiga y que Jesús sane a los enfermos y a nuestra tierra.

Mercy Paola Petzey Mendoza

Nombre: Diego Ismael Petzey Mendoza
Edad: 16 años
Comunidad de origen: Cantón Panaj, Santiago Atitlán, Sololá, Guatemala.
Nivel académico: Cuarto Magisterio
Institución donde estudia: Escuela Normal Bilingüe Intercultural –ENBI- Santiago Atitlán.

¿Qué piensas sobre la situación actual que vive el mundo?

Es terrible lo que está pasando en todo el mundo, para mí es algo nuevo y temeroso.

El coronavirus o COVID19 es una pandemia mundial. Es un virus que afecta a muchos países desarrollados y subdesarrollados.

Su propagación ha ido muy rápido en todo el mundo, ha afectado la salud, la economía, la educación y la producción de muchas cosas indispensables para el ser humano.

A algunos comerciantes les ha afectado mucho porque ya no pueden viajar a ganar el pan de cada día.

Es increíble y terrible para mí, porque fue la primera vez que escuché la alarma del primer día del toque de queda en mi país Guatemala, es una experiencia inolvidable, porque siempre hemos estado acostumbrados a salir, caminar y visitar por las tardes y noches a nuestros seres
queridos.

A pesar de todo es bueno obedecer las órdenes de nuestras autoridades porque es por nuestro propio bien.

También es necesario mantener limpio nuestro espacio, la higiene personal es muy importante para no contagiarse y mantener una buena salud y la de nuestra familia.

Durante mi vida y en el mundo, el coronavirus es una nueva y mortal enfermedad.

Veo que por primera vez todas las familias se han reunido a causa de esta enfermedad, increíblemente están compartiendo momentos que jamás lo habían hecho.

Me pone triste ver a los ancianos que aún trabajan, muchas familias en extrema pobreza salen a buscar comida para sus hijos y me pone enojado que muchos comerciantes suben el precio de los alimentos.

Ellos no saben que no tenemos el mismo nivel económico y en este caso sufren más las familias en las áreas rurales de mi país Guatemala.

Para eso es una injusticia, en este momento debemos de ayudarnos los unos a los otros para que no se pierdan más vidas por el virus.

Hace semanas que no he visto a mis compañeros de clases, pero recuerdo los momentos bonitos que hemos compartido, sin duda alguna esto me deja una enseñanza.

Debemos aprovechar el tiempo, vivir los momentos, perdonar a quienes nos han tratado mal y compartir la
alegría de estar juntos en momentos justos.

Nos volveremos a ver pronto.

Dios los bendiga siempre.

Diego Ismael Petzey Mendoza

Nombre: María Dolores Ajcabul Mendoza
Edad: 15 años
Comunidad de origen: Cantón Panaj, Santiago Atitlán, Sololá, Guatemala.
Nivel académico: Tercero Básico
Institución donde estudia: Colegio Católico de Educación Básica Padre Apla´s Stanley Rother.

¿Qué piensas sobre la situación actual que vive el mundo?

Todo lo que está sucediendo sobre el mundo me da miedo, tristeza y preocupación. Muchas personas han ido a otros países (al extranjero) y otras regresaron de vacaciones o por trabajo pasaron visitando nuestro

país Guatemala y lamentablemente traían consigo mismas lo que ahora se conoce como el CORONAVIRUS, este virus se propagó porque nadie se había dado cuenta que ya existía y que las autoridades de otros países actuaron muy tarde para controlarlo.

Gracias a Dios que nuestro señor Presidente actuó con carácter consciente de las consecuencias que este virus podría causar, por tanto; la cantidad de personas contagiadas son controlables; aun así, me da miedo que se contagien todas las personas sobre el planeta tierra.

Este virus ha traído cosas malas y otras buenas para el ser humano, muchas personas dicen que es una prueba que Dios nos da para llamar nuestra atención y acercarnos a él; pero no es así, Dios no nos pone pruebas a nosotros sus hijos.

Este virus es consecuencia de los malos actos del ser humano y nos está enseñando tantas cosas.

Algunas consecuencias de esta peste son, por ejemplo: pobreza, muerte, egoísmo, y desconfianza.

Por el coronavirus se han cerrado los centros educativos, las empresas pequeñas y la economía, todo esto ha afectado a muchos países.

Muchos trabajadores perdieron su empleo afectando a mi Guatemala; país donde la educación no es avanzada, donde hay muchos campesinos más que empresarios, donde la mayoría de las personas viven del día a día dependiendo de sus ingresos.

Estas personas no tienen la capacidad de resguardarse y estar en casa con sus familias; más bien ellos velan por sus hijos y su mayor preocupación se hace más grande cuando saben que las cosas han empeorado.

Este virus nos mostró quiénes somos y cómo vivimos en realidad, veo que hay personas egoístas, insolidarios y que solo pensamos en nosotros mismos sin importar lo que le pase a las otras personas, lo peor de todo es que nuestras autoridades nos dieron la espalda como pueblo y

eso es una herida en el corazón del pueblo de Guatemala no respetando los límites dados por el mismo gobierno.

La tierra necesitaba un breve descanso, el coronavirus ha hecho que por fin tuviera un poco de paz, veo que la naturaleza se está recuperando de estas heridas que le hemos causado; el aire se siente más suave y limpio en las calles, los animales no temen y están saliendo de su

Hábitat para visitar las calles en todo el mundo.

Veo que nosotros los seres humanos estamos cambiando algunas acciones malas a positivas porque muchos están haciendo y tomando su higiene personal muy seriamente y necesario.

Las familias están ahora unidas más que nunca compartiendo cada vez más y cuidando de su salud como algo esencial, es más, muchas están realizando diferentes actividades productivas en sus hogares y los estudiantes realizando sus tareas en compañía y ayuda de sus padres y hermanos ¡Es increíble!

No perdamos la fe, que este tiempo de crisis nos haga más fuertes y que la unión en familia haga la fuerza, ahora más que nunca nuestra fe debe brillar no importa, la religión que profesamos, porque lo más importante es ayudarnos, apoyarnos, rezando y orando por todos los que habitamos este mundo sin importar el nivel social; reconociendo a Dios como nuestro salvador, perdonar, no discutir, más bien es el momento justo para estar unidos.

Nuestra Guatemala puede ser la luz y que todos juntos podremos salir adelante, primeramente, respetando las órdenes de nuestras autoridades de salud y lo mejor que podemos hacer es "Quedarnos en casa" cuando no es necesario salir.

Por último quiero resaltar y mencionar, que la tierra es nuestra, cuidémosla.

Les pido que recemos a Dios por nuestros héroes que son: los policías, bomberos voluntarios, médicos, enfermeros/as y policías municipales, en estos momentos ellos son nuestros guías para salir y acabar con este virus.

María Dolores Ajcabul Mendoza

Nombre: Wendy Rebeca Mesía Petzey
Edad: 17 años
Lugar de origen: Cantón Panaj, Santiago Atitlán, Guatemala.
Grado académico: Tercero Básico
Institución académica: Núcleo Familiar Educativo para el Desarrollo NUFED No. 34

¿Qué piensas sobre la situación actual que vive el mundo?

Durante estos días, han pasado muchas cosas sobre el mundo entero, las cuales me han dejado sorprendida y en reflexión constantemente.

A veces tengo miedo y culpo a los países más grandes que mi Guatemala que no han podido controlar grandes problemas, por ejemplo: la contaminación global, el calentamiento global, la sequía, los derrumbes, la sobrepoblación, la tecnología, los incendios forestales, la destrucción de los suelos, la contaminación de los lagos, la extinción de los animales, las industrias entre otros.

Hablo con mi familia y les digo qué pasará con el futuro que nos espera a nosotros los de la nueva generación; no quiero vivir terribles momentos sin ustedes y me quedo en silencio.

Me doy cuenta que nos hace falta mucha educación ambiental y me duele que muchos gobernantes a nivel mundial se aprovechan de nosotros los pobres, más todavía inventan cosas que hacen ofender a Dios y a la vida humana.

Otras veces pienso que nosotros tenemos la culpa; porque no nos disciplinamos para que nuestros hogares estén limpios y la única razón es que nos gana la pereza y la conformidad; por eso es que sufrimos las consecuencias de nuestras acciones.

Ahora mismo estamos pasando por una situación de salud muy difícil a nivel mundial, hablo del CORONAVIRUS, he tratado la manera de investigar por mis propios medios y me doy cuenta que este virus maligno fue creado por un hombre; estoy muy enojada con ese hombre, porque su

creación ha matado a muchas personas ahora y me da miedo porque no quiero que se expanda más; porque mi abuela ya es anciana y no quiero que le afecte esa enfermedad del COVID19.

Escuché en la radio que arrestaron a muchos campesinos por llegar tarde de su trabajo, me parece una injusticia; porque ellos se ganan la vida y el pan para su familia, muchas veces sus patrones les exigen trabajar el tiempo completo; he rezado mucho por ellos.

Mis hermanas y yo estamos encerrados en casa pero aprovechando el tiempo para analizar la situación actual

compartiendo experiencias; ya que muchas personas perdieron sus productos porque nadie los compraba, otras elevaron los precios de los productos mientras la población guatemalteca no estaba preparada para recibir esta situación de la pandemia del coronavirus, más sin embargo; la mayoría de las familias hicieron todo lo posible para comprar lo necesario para sobrevivir y

pasar el tiempo en casa.

En mi vida nunca he vivido el proceso de la ley del TOQUE DE QUEDA, ese nombre fue muy raro para mí al escucharlo por primera vez.

Era una tarde del día domingo en donde todo estaba en silencio y de repente sonó una sirena, tenía un sonido de

espanto como si fuera el final de todos los niños y adolescentes aquí en la tierra, abracé a mis hermanas porque todo era tedioso, luego lloré por la vida; me acostumbré después de cuatro días.

He estado leyendo; mis maestros me enviaron tareas por correo y las he estado haciendo cada día, pero sobre todo estoy pidiendo a Dios por toda la humanidad; porque Él es más grande que un virus y tiene poder para sanar al mundo y porque nosotros debemos de contribuir para mantener sano y salvo nuestro mundo, esa es mi pequeña opinión de la realidad que estamos viviendo en esta calamidad a nivel mundial.

Acciones que realizo en mi hogar con mi familia para sanar el mundo: Hemos tenido la iniciativa de colaborar con el mundo, ya no utilizamos bolsas plásticas, ahorramos agua, limpiamos dentro y alrededor de nuestra casa, ahorramos energía, no practicamos el consumismo, tratamos de corregir nuestros errores cada vez que fallamos y nos educamos lo más que podemos para ser personas ejemplares para el mundo que nos proporciona todo.

Cuidémoslo.

Wendy Rebeca Mesía Petzey

Invitados e invitadas de honor

Cada 22 de abril, conmemoramos el día mundial del medio ambiente, sembremos un árbol o realicemos alguna actividad a beneficio de salvar a nuestro planeta.

Escritor y poeta #JEL-USA
Ismar Escobar

Ismar Ronaldo Escobar Monterroso, nació el 10 de noviembre de 1989, en San Juan Ostuncalco, Quetzaltenango (Guatemala).

A los diecinueve emigró a los Estados Unidos, donde empezó a escribir.

A los pocos años de su llegada, publicó su primer libro; "Amor, luz y espinas"

Su segunda obra es; "El tiempo, el azar y la mujeres"

A la orilla del Lago

En un lugar alejado del pueblo, a las orillas de un lago,
vivo con mi papá, soy su única hija, él y yo hemos vivido solos desde que mamá murió.

Yo tenía un poco más de cinco años cuando mi mamá tuvo un accidente, se resbaló y cayó al agua, se enredó entre los hilos plásticos que hay en la orilla del lago, a no tener quien la ayudara, murió ahogada. Pobre de mí

No voy a la escuela porque está en el pueblo, mi papá que es muy inteligente me enseñó a leer y a escribir, desde pequeña me compró cuadernos y un par de libros, con él aprendí a contar y a hacer cuentas.

Mi papá es un hombre alto, de pelo negro oscuro, igual que la crin de los caballos, tiene las manos grandes y los brazos gruesos, es muy fuerte, cuando yo era más pequeña me subía a sus hombros e íbamos al bosque a buscar frutas y hierbas, siempre nos llevábamos los caballos, caballos tenemos dos, la gente que muy raramente pasa por aquí le dice a mi papá que me mande a la escuela en uno de los caballos, pero mi papá dice que no, que cuando yo esté en la escuela voy a descuidar mis quehaceres y que me voy a volver diferente, igual que los niños del pueblo, que le contestan a sus papás y son desobedientes.

Yo no sé si ir a la escuela sirva de algo, mi papá cuando tenía mi edad iba a la escuela, pero dice que siempre querían cambiar sus ideas y cuando vio que no podía trabajar y hacer lo que él quería, dejó de ir, ahora trabajamos juntos y nos ha ido bien.

Bueno antes nos iba mucho mejor, pero yo he notado que ya casi no hay peces en lago, cada vez mi papá saca menos peces, él dice que es por temporadas pero yo sé que no es así, hay algo que está haciendo que los peces se vayan del lago pero no sé qué sea, a veces pienso que es un monstruo que los asusta pero mi papá dice que en el lago no hay monstruos y que después vendrán los peces igual que antes, pero ya lleva mucho tiempo diciendo eso, no sé si sea verdad, yo voy a platicar con mi mamá en mis sueños y le preguntaré qué es lo que pasa, ella me lo dirá, porque ella siempre me dice cosas en los sueños y siempre son ciertas.

Hace tiempo me dijo en un sueño que encontraría en el lago un regalo muy bonito, así que al día siguiente fui al lago a traer agua y cuando venía para la casa encontré en el tronco seco de un árbol, un anillo muy bonito, cuando se lo enseñé a papá, él me dijo que ese anillo él se lo había regalado a mamá, así que desde entonces lo guardo muy bien, no sea que me lo roben o lo pierda.

Mi mamá era muy bonita, tenía unos ojos café grandes, una sonrisa muy tierna que hasta cuando estaba enojada o molesta, se veía hermosa.

Extraño mucho a mi mamá, aunque no me lo crean, es muy triste quedarse sin mamá, mi papá también no tiene a su mamá y me ha dicho que su papá se marchó antes de que él naciera, por eso él me cuida mucho, para que yo no sienta esa tristeza, mis abuelitos o sea los padres de mi mamá vienen a verme pocas veces, dos o tres veces al año, ellos dicen que no tienen tiempo, han de estar muy ocupados en los quehaceres de su casa, pienso yo.

Mi papá y yo sembramos en el poco terreno que tenemos, ya se imaginaran ustedes cómo es todo por aquí, si no trabajamos nos morimos de hambre como dice mi papá.

Todo lo que tenemos, mi papá lo ha ganado con mucho trabajo, a veces termina tan cansado que cae rendido, yo también, cuando lo ayudo a limpiar el pescado, a cosechar o a sembrar, terminamos exhaustos.

Últimamente he sentido diferente a mi papá, ahora hasta dice que me va a mandar a la escuela, no sé qué le pasa, está actuando raro, porque él no se comporta así, ya me compró una mochila y cuadernos nuevos, dice que lo mejor será que empiece a ir a la escuela, la verdad no sé por qué actúa así, intentaré preguntarle, qué por qué ha cambiado de opinión, ya que no es normal que al fin quiera mandarme a la escuela, yo creo que está enfermo y por eso ha cambiado, bueno a lo mejor le cuesta hacer las cuentas a él y quiere que yo le ayude más en eso, pero él es muy inteligente así que creo que no es eso tampoco.

Sabía que algo estaba pasando, pero no sabía que era tan serio, mi papá me habló del por qué quiere mandarme a la escuela, dice que ya entendió que es muy importante que yo vaya a la escuela, porque el tiempo está cambiando y que yo no puedo quedarme aquí con él a pescar toda la vida, así que me dijo que me llevaría con él al pueblo para que yo empiece mis estudios.

—Papá, yo no quiero ir a la escuela, ya estoy grande — le dije.

—Eso es lo de menos, hijita— me respondió él con la ternura de alguien que no quiere mostrar la tristeza que le cubre el alma al saber que se quedará solo casi todo el día.

—Yo no creo que sea tan necesario, además, ya sé leer y escribir, también ya puedo hacer cuentas y si usted me enseña más, no tengo necesidad de ir a la escuela

—Pero si es necesario, además, bien sabes que yo ya te enseñé todo lo que sé, no puedo enseñarte nada más,

—Pero papá, yo no quiero dejarlo solo, no quiero estar sola, rodeada de gente que no conozco.

—Pero los conocerás y harás amigos, entiende hijita, es por bien tuyo y mío.

—Pero si voy a la escuela tendré que llevarme un caballo y usted sólo con uno no podrá hacer mucho.

—Por eso no te preocupes, iré a dejarte y a traerte, si se quiere hacer, se puede hacer, las excusas están demás.

Estas últimas palabras de mi papá sonaron muy bien, pero yo las tomé de otra manera, porque sé muy bien qué hay algo muy serio que mi papá no me ha dicho y por eso insiste en mandarme a la escuela.

Ya que vuelva del pueblo le diré que sí, que voy a la escuela, pero que me diga el porqué su cambio de opinión, quizás así sí me diga.

Ustedes ya sabrán que mi papá es muy bueno y no quiero dejarlo solo con todo el quehacer de la casa, la pesca y la siembra, si a los dos nos cuesta, imagínense a él solo.

—Papá ¿Cómo le fue? — le pregunté, cómo casi todo el tiempo para no despertar curiosidad, pero él me respondió y fue directo.

—Bien, fui a la escuela y la señorita que me atendió dice que podemos ir el lunes para que empieces las clases el mismo día.

—¿Por qué quiere que yo vaya a la escuela, antes no quería y ahora insiste que vaya, qué está pasando?

—Nada hijita, sólo que no quiero que te quedes aquí, tienes que conocer gente, hacer amigos.

—Eso ya me lo dijo, papá, pero no me responde lo que le pregunté. ¿Qué está pasando? — le dije, añadiendo —si me lo dice iré a la escuela, de lo contrario me quedaré aquí.

—Bueno, te lo diré, ya que al parecer no puedo ocultártelo más, hace meses que los peces están escasos, no sé qué ha pasado, pero ya no es como antes — respondió mi papá, con cierta tristeza en la cara.

Como Salvar Nuestro Planeta !HOY!

Yo sabía que algo estaba pasando, pero no sabía bien qué era, así que escuché a mi papá y el continúo diciéndome todo.

—Cuando nos venimos a vivir con tu mamá, habían muchos peces, el lago estaba lleno, y estaba más limpio, ahora ya casi no hay peces y el lago está cada vez más sucio.

—Cuándo se vinieron para acá, ¿cuántas libras de pescado sacaba? — le pregunté, ya que yo sabía que era bastante pero no sabía qué cantidad exactamente.

—Hace casi quince años cuando nos venimos para acá, tu mamá y yo sacábamos ciento cincuenta libras, a veces más otras veces menos, pero siempre sacábamos más de cien, ahora, cada día saco menos de cien, a veces ni setenta libras saco.

—¿Qué cree usted que esté pasando, por qué disminuyó tanto así?

—Eso es lo mismo que yo me pregunto, hasta ahora no estoy seguro, pero quizá si mandamos a pedir a alguien para que venga a investigar, lo sepamos, pero no hay que atenernos, por lo tanto, debes empezar a ir a la escuela.

—Entonces cuando vayas al pueblo mañana, pregunta si hay alguien que nos pueda ayudar.

—Si, eso haré, ahora vamos a cenar.

Después de cenar, esa noche, cuando nos fuimos a dormir, al no poder dormirme luego, me quedé pensando en lo que me había dicho mi papá esa tarde, ellos llegaron aquí hace quince años, y el lago estaba limpio, y los peces abundaban.

Pero ahora la razón principal es que nosotros hemos hecho que los peces se vayan, desde que mi papá empezó la pesca, siempre a echado los desperdicios al lago, él dice que eso le serviría de comida a los peces y así se reproducirían más, pero quince años echando desperdicios allí, eso ha hecho que los peces se vayan, porque el lago ahora está muy sucio.

No sé a qué hora fui quedándome dormida, pero me dormí y soñé con mi mamá, es extraño verla bañándose en el lago que le quitó la vida, pero se veía hermosa, tenía el cabello largo, muy largo. Ella me dijo en el sueño que yo tenía razón, pero no me dijo en qué, así que, lo pensé, de alguna manera debo averiguar que me quiso decir.

Mi papá se levantó muy temprano, cuando yo me levanté él ya no estaba en su cama, quise contarle lo que había soñado, pero él ya no estaba, de seguro fue a cortar frutas y vegetales, yo empecé a hacer el desayuno y a pensar en lo que mi mamá me dijo.

De camino al lago, los primeros rayos de sol me dieron y fue como una revelación, vi el agua cristalizada, mansa, y vi el montón de hilos plásticos enredados en la orilla, vi a un pez enredado entre los hilos e imaginé que mi mamá allí mismo había perdido la vida, me puse a llorar, pero entre el llanto encontré la verdadera respuesta.

Como Salvar Nuestro Planeta !HOY!

Lo que ahora sé es que mi mamá lo que quiso decirme en el sueño, era que yo tenía razón en lo que había pensado antes de dormirme, la culpa de que los peces se están yendo, es nuestra, si mi papá no echara en el lago los desperdicios, el lago estaría limpio, y también sé que por esa misma razón mi mamá se murió, porque se enredó entre los hilos de las atarrayas que mi papá a dejado allí cada que se le daña o se le enreda, cuando eso pasa la corta y deja la parte enredada allí, me he puesto triste, tal vez si mi papá no hubiese dejado esos restos allí, mi mamá no se habría enredado y así hubiera podido salir nadando, no puedo culpar a mi papá, porque él aún no lo sabe, y me imagino que se pondrá triste cuando se lo cuente, pobre de mi papá, espero no hacerlo llorar.

Horas más tarde, cuando mi papá volvió a casa, yo estaba haciendo mis quehaceres, lo vi llegar con una bolsa llena de cosas, cuando entró, puso la bolsa sobre la mesita y me pidió un vaso de limonada, venía sediento y con hambre porque no desayunó antes de irse, así que le serví algo de comer.

Ya que vi que se dirigía a la galera donde estaban amarrados los caballos, le hablé, quise decirle las cosas de una manera suave, pero el nudo en la garganta no me lo permitió.

—Papá, quiero hablar con usted de todo lo que está pasando— le dije tratando de mantener la calma, anoche estuve pensando en lo que me dijo y he llegado a la conclusión de que todo lo que está pasando, es nuestra culpa.

—¿De qué hablas, a qué te refieres con eso?—me preguntó, con el ceño fruncido.

—Lo que está pasando con el lago, además soñé con mamá y ella me dijo que tenía razón, al principio no lo entendí, pero cuando fui por agua, lo entendí.

—Explícate mejor.

—Hace quince años cuando usted llegó a vivir aquí, con mamá, el lago estaba limpio y habían muchos peces.

—Eso mismo fue lo que te dije ayer— me interrumpió.

—Por eso, desde que usted empezó a echar los desperdicios al agua, en vez de alimentar a los peces, los ha contaminado, el lago está sucio porque los desperdicios se han podrido allí, ahora el agua está contaminada y sucia. —Por eso es que los peces se están yendo.

—No había pensado en eso— me respondió, algo confundido.

—A parte, hoy que fui a traer agua, vi a un pez enredado entre los hilos que están en el agua, y pensé en mi mamá, ella se ahogó porque se enredó entre los hilos de plástico que hay allí, ella sabía nadar, de no estar esas pitas plásticas allí, ella no se habría ahogado.

Cuando terminé de decirle esto rompí a llorar,

mi padre me miró y su cara se puso triste, me abrazó y me dijo, casi con lágrimas en los ojos.

—No lo había pensado, jamás pasó por mi cabeza, perder a tu mamá, fue mi culpa, nunca debí dejar esos restos de atarraya allí .

—Ahora, lo que debemos hacer es limpiar el lago— le dije, para que los peces regresen o no se sigan yendo.

—Sí, eso haremos— dijo mi papá, mientras me mantenía abrazada, espero que tu mamá me perdone por no haber pensado en eso desde el principio.

—Usted no sabía lo que iba a pasar, mi mamá no creo que esté molesta con usted por eso, pero ahora que ya sabemos lo que puede pasar y lo que está pasando con los peces, debemos limpiar el lago, y ya no echar los desperdicios allí.

—Si, así lo haremos.

En los días siguientes mi papá y yo nos dedicamos a limpiar el lago, en compañía de otros vecinos que vienen muy de vez en cuando a pescar aquí, vinieron en estos días, casi como enviados por alguien, la verdad nos han ayudado mucho, gracias a ellos ahora el lago está mucho más limpio y cada vez hay más peces.

Sé que mi mamá está feliz, yo la extraño mucho, pero cuando sueño con ella, la siento muy cerca de mí, ella me habla y me hace sentir su amor, no crean que estoy loca porque hablo con ella en sueños, a veces pienso que eso le falta a mucha gente del pueblo que vive estresada, hablar con sus seres queridos, tal vez así serían un poco más felices.

Yo sé que en donde quiera que esté mi mamá ella está cuidando de nosotros.

Por eso cada día le doy gracias al cielo por tener a mi papá conmigo.

Ahora si me permiten voy a seguir con mis quehaceres no sea que mi papá llegue y yo no tenga lista la cena, lo de la escuela tendrá que esperar un poco más, ya saben ustedes, cuando hay ganas de aprender, no hay mejor maestro que el tiempo y los libros.

Edgar Nicolás Chiviliú Quinac

Edgar Chiviliú nació en 1989, en el municipio de Santiago Atitlán, país Guatemala. En el año 2000 culminó su primaria en la Escuela Oficial Rural Mixta Cantón Pachichaj de Santiago Atitlán.

En 2007 inició sus estudios del nivel básico plan fin de semana en la Aldea de Cerro de Oro del mismo municipio.

En 2009 inició sus estudios del nivel diversificado en la Normal ENBI de Santiago Atitlán, plan diario del cual se graduó en el 2011 como Maestro de Educación Infantil Bilingüe Intercultural.

En el año 2013 recibió el Diploma de parte de la Academia de Lenguas Mayas de Guatemala (ALMG) que lo acredita como facilitador intermedio del Idioma Tz'utujil.

En 2016 ingresó a la Facultad de Humanidades de la universidad de San Carlos de Guatemala, para la carrera de PEM en Ciencias Naturales con Orientación Ambiental; egresando en el año 2019.

En el año 2017, Edgar empezó a trabajar con la Organización de Child Aid como Técnico Evaluador del programa Construyendo un mundo de Lectores.

Cambiando nuestro planeta

A ti, Mi Querido invitado Lector:

Regulemos el consumismo,
acabemos con el egocentrismo,
porque nos estamos destruyendo a nosotros mismos.

Actuemos para que reluzca nuestro planeta,
realizando buenas acciones cada día,
esa será nuestra primera meta y alegría.

Acatemos la saturación de gases contaminantes,
tengamos positivas esperanzas
cuidando nuestro planeta
y haciendo las paces
para salvar a los habitantes de este planeta.

Tú y yo somos la esperanza
de un futuro mejor,
que en ti prevalezca
el verdadero sentido del valor.

Los bosques desaparecen,
los desiertos se extienden,
las personas no entienden;
numerosas especies se extinguen,
millones de hombres,
mujeres y niños mueren.

Esto es una agresión a la ecología,
porque la destrucción del planeta tierra,
se extiende cada día.

No más hábitos de consumo,
porque yo no fumo;
tan solo quiero el consumo
del aire puro de este mundo.

Cuidemos nuestro planeta,
porque ese es el secreto
para tener un planeta sano
y más completo.

Que desaparezca el hambre
y no el hombre,
que prevalezca el orden
y no el desorden,
en este planeta donde vive el hombre.

Cesen las malas acciones,
para evitar más contaminaciones,
cesen las irresponsabilidades
para salvar a la humanidad.

Hablo y escribo por los seres vivos,
Hablo y escribo por la conservación de la vida,
Recuerda lo que te digo y te escribo,
"Cuidemos nuestro planeta
y mostrémosle más respeto a toda forma de vida."

Como Salvar Nuestro Planeta ¡HOY!

Ana Maria Gonzalez poeta y escritora

Breves datos biográficos; Nació el 9 de Octubre del año 1946. En Palín departamento de Escuintla. Radica desde hace varios años en Quetzaltenango. Pertenece al grupo de escritores "Los Quijotes" Al " Club de Poesía Casa Los Altos" y al Colectivo de poesía declamada y dramatizada "Poetry Slam Xela".

Ha ganado certámenes. En el departamento de Chiquimula, Estanzuela Zacapa, Tejutla y Tacaná San Marcos, dos certámenes.

Retalhuleu y Nuevo San Carlos Retalhuleu, dos certámenes, Tactic Cobán, dos certámenes y en el departamento de Quetzaltenango, primer lugar con el tema "No Violencia a la Mujer" en el certamen expresa tus sentimientos. Mención honorífica en Amatitlán,

Poeta Laureada de Umial Tinimit Re Xelajuj Noj y Poeta Laureada de la Pequeña Flor del Pueblo.

Tiene en su haber cuatro concursos ganados en el Poetry Slam en el evento "Grito de Mujer".

Cinco certámenes consecutivos a nivel nacional en el certamen de la Virgen María, y nombrada Poeta Laureada del Evento. Dos certámenes de juegos florales en Huehuetenango. En el 2016 y 2017 ganó Juegos Florales en Santa Lucía Escuintla, en 2018 primer lugar en Villa Nueva. Con el certamen. Carta Romántica. Tiene publicaciones propias y colectivas, ha sido invitada en el evento de "Rosario Castellanos" por tres años consecutivos en Chiapas México y a recitales dentro y fuera de Quetzaltenango. También fue invitada a ser jurado calificador en certámenes literarios, oratoria, declamación y culturales. En Enero del 2017 Mención honorífica en el certamen Literario SAECX de Quetzaltenango, con el monólogo. "En Un Planeta de Amor". Y en 2017 primer lugar en guion de teatro. En Febrero del 2017 obtuvo segundo lugar en prosa en Tecún Umán y el 25 del mismo mes primer lugar en concurso literario cartas de amor en Villa Nueva. Invitada por Salvador Troccoli dos veces, representado a Quetzaltenango a nivel internacional. Ha sido invitada a publicar, en Voces Convergentes, en el libro "Tradiciones de Palín" y otros. Invitada por el grupo Metáfora a su festival. Ha hecho cine, teatro, videoclips, cortometrajes, tiene dos exposiciones de pintura. En el 2018 y 2019 obtuvo el reconocimiento "Gardenia de Plata" de artista distinguida, por trayecto literario y artístico. El 5 de Diciembre 2019: Poeta Laureada en Juegos Florales de Escuintla. El 12 de Diciembre dedicó versos a la Guadalupana de la ciudad Altense . Radio Fraternidad y Notisiete le publicaron. Panelista en el conversatorio por el día de la Mujer en la Casa de la Cultura de Occidente, 9 de marzo 2020

Universo mío

Universo mío,
donde la policromía
de la naturaleza se entrelaza
con los sentimientos,
colmados de incertidumbres
sin respuestas,
ante la pregunta
¿Cómo salvar al planeta?
que el Creador formó perfecto.

Duele el alma
ver nuestros ríos lindos de antes
donde las señoras la ropa lavaban
y sus chiquillos
en cristalinas aguas se bañaban
ahora,
llenos de bolsas de plástico,
perjudicando a los animales acuáticos,
que ningún daño hacen.

La vegetación se ha extinguido
ya no hay concierto musical de pájaros .
anunciando nueva aurora,
porque añoran,
sus pinadas y arboledas,
para volar como el quetzal libremente.

Digamos no a los ensayos nucleares
Digamos no a las explotaciones mineras.

Digamos no a los asesinatos del hombre
que defiende, la naturaleza de la creación
porque ama al mundo con todo su corazón.

Yo elevo una oración al Creador del Universo,
que el hombre tome conciencia,
que cambie hábitos malos,
el planeta está aún en sus manos,
eso si quiere un mundo mejor
para sus sucesores.
Donde haya agua, vegetación, vida y salud.

Poeta y escritora María Elena Marroquín

Guatemala 1962, Quetzaltenango su patria cultural, por más de tres décadas integrante activa de la Comisión Permanente de los Juegos Florales Hispanoamericanos de Quetzaltenango, quienes a través de su voluntariado convocan y organizan con la Municipalidad de esa ciudad el certamen literario de mayor tradición en Centroamérica. Co- fundadora de los colectivos: Club de Poesía de Casa Los Altos 2008-2013 y de Poetry Slam Xela 2011 del que actualmente es su coordinadora.

Publicada en Antología Grito de Mujer 2015, Co-autora Díptico poemas 2014 y el catálogo poético PER-VERSOS 2017 de ADESCA.

Lago de Atitlán

Cruzo en la estela lacustre
rompiendo con ello la rutina
del espumoso oleaje
surgiendo de las profundidades
se entrecruzan las corrientes del lago
como las vidas de las gentes,
una ciudad yace sumergida en él.

Imperceptible ahora en el presente
un cerro representa
el coraje de sus habitantes
en derredor arropadas en cada casa
la humanidad con las que fueron amasadas
se manifiestan entre árboles
cafetales cultivados con sacrificio
los parajes lucen taciturnos
todo desplegado en un collar disperso.

Cruzo en la estela lacustre
a lo lejos se divisa una embarcación sencilla
con la fuerza de las manos que le tallaron
a ritmo continuado en un suave vaivén
los matices bajo el sol albergan:
pepescas
patos
cayucos
pescadores
viajeros
habitantes con la fe en la vida misma.

Como Salvar Nuestro Planeta !HOY!

Somos transitorios
intransigente es el tiempo
en recintos para vivir y forjar aliento
imagina en ellos a sus moradores
casas con intención de pasar desapercibidas
otras rompiendo la armonía.

Habitantes que hacen escuchar su voz
con una inusual música de fondo de:
cataratas
iglesias
caminos
piedras
veredas
escondites
sombras
viento…Xocomil.

Otra vez intangible el tiempo
viajes cortos
navegantes de la vida
pies y atajos sin fronteras
la vida podría continuar floreciente
sin contaminación
y seguirá siendo del celeste
que llena mis ojos de Atitlán.

Biólogo y escritor René Corado

Nació en Guatemala. Biólogo y Gerente de la Western Foundation of Vertebrate Zoology, el museo de colecciones más grande de huevos y nidos de aves del mundo, desde 1985. Ha hecho una larga trayectoria profesional, como investigador de huevos y nidos de aves, en Ecuador, Costa Rica, California, USA y Guatemala. Es fundador y presidente de El Lustrador Foundation, que apoya a niños de escasos recursos para que puedan estudiar. Ha publicado en español e inglés, autor del libro "El lustrador", 2014, declarado "Patrimonio Cultural" de Guatemala. Ha recibido varios premios, entre ellos:

Escritor guatemalteco del 2015, en Hollywood, California.

Líder latino, Oxnard, California 2018.

Embajador de la Paz por el gobierno de Guatemala en 2019.

La Orden del Quetzal, la máxima distinción honorífica que otorga el gobierno de Guatemala en 2019.

Recibió La Llave de La Ciudad, en su natal Morazán, Guatemala 2020.

Como Salvar Nuestro Planeta !HOY!

Con mucho cariño para los Escritores #JEL – (Jóvenes Escritores Latinos) y en especial a los jóvenes escritores guatemaltecos que escribieron esta antología de cómo salvar el planeta, hoy.

La pregunta

La pregunta es, ¿Son los animales salvajes los que cruzan la carretera o es la carretera la que cruza la selva en donde viven millones de animales y plantas? Cada día estamos perdiendo en forma alarmante un pedacito de la tierra en donde habitan millones de especies. Cada una de estas especies es un tesoro potencial porque nos puede dar la solución a problemas incluyendo curas para varias enfermedades o ideas para nuevas tecnologías.

Sin embargo, estamos viviendo en una época de extinciones en masa por causa de la destrucción de los hábitats naturales por las actividades de los humanos como el corte de las selvas y convirtiéndolas en tierras para agricultura o para construir nuevas ciudades. El cambio climático es un gran reto que estamos afrontando porque incluye sequía, aumento severo de temperaturas, inundaciones y otros cambios climáticos a los cuales no estamos acostumbrados.

Pero no quiero ser tan pesimista y decir que todo está perdido, todavía hay esperanza de salvar el planeta y dejarles a nuestros hijos y nietos un lugar en el cual tienen derecho a vivir lo mismo que lo hicimos nosotros.

Proteger nuestro planeta empieza con nosotros mismos haciendo cosas simples como reducir, reusar y reciclar. Podemos ser voluntarios en nuestra comunidad para limpiezas de nuestros ríos. Así mismo, la educación es muy importante porque cuando proseguimos con nuestra propia educación podemos hacer comprender a otros la importancia y el valor de nuestros recursos naturales.

Por coincidencia mi nieta de 6 años me vino a visitar mientras estaba escribiendo este prólogo y me trajo 2 regalos, una planta y una casita para aves, ella está aprendiendo el valor de la naturaleza con el ejemplo que ha visto en su abuelo. Mi nieta hace muchas preguntas y siempre le contesto todas y hoy, después que le dediqué tiempo caminando en el jardín de mi casa me hizo una pregunta muy interesante que vino como anillo al dedo a lo que estaba escribiendo, me dijo, Pané, (así me llaman mis nietos, corto para Papá René) ¿Por qué tienes tantos árboles en tu jardín? ¿Por qué te gustan las aves y quieres que vivan aquí? Yo le contesté, es porque te amo a ti y quiero que disfrutes la naturaleza tanto como yo lo he hecho y también tus hijos la puedan disfrutar. Solo me regaló una linda y grande sonrisa, cortó una florecita para su mamá y se fue muy alegre. Ahí me di cuenta, que como mi nieta hay muchos niños en el mundo que merecen un planeta sano, así que voy a seguir luchando para salvar la naturaleza, y ¿Usted, me da una mano para luchar juntos por nuestro planeta?

René Corado
Autor de El Lustrador
Biologo Collections
Manager Western Foundation of Vertebrate Zoology

Como Salvar Nuestro Planeta !HOY!

&

AGRADECIMIENTO A TODOS NUESTROS PATROCINADORES

¡GRACIAS!

Como Salvar Nuestro Planeta
!HOY!

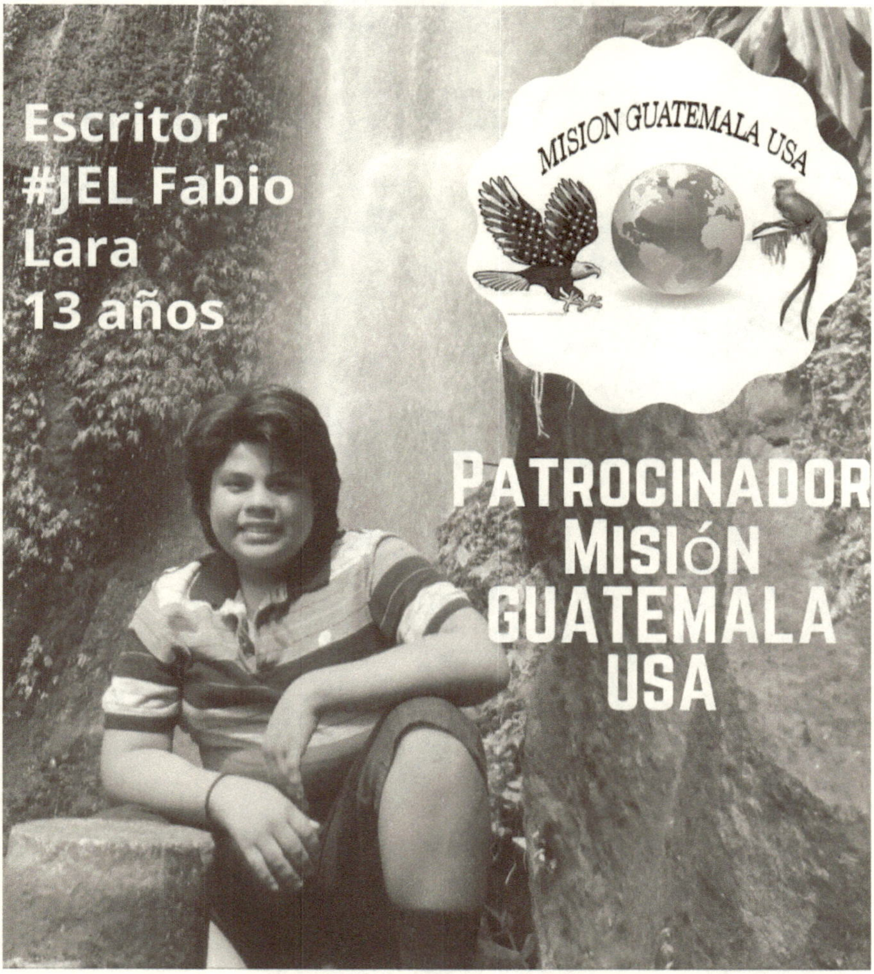

Escritor
#JEL Fabio
Lara
13 años

MISION GUATEMALA USA

PATROCINADOR
MISIÓN
GUATEMALA
USA

#JEL
Jóvenes Escritores Latinos
info@jel2014.org

#JELGuatemala

Como Salvar Nuestro Planeta !HOY!

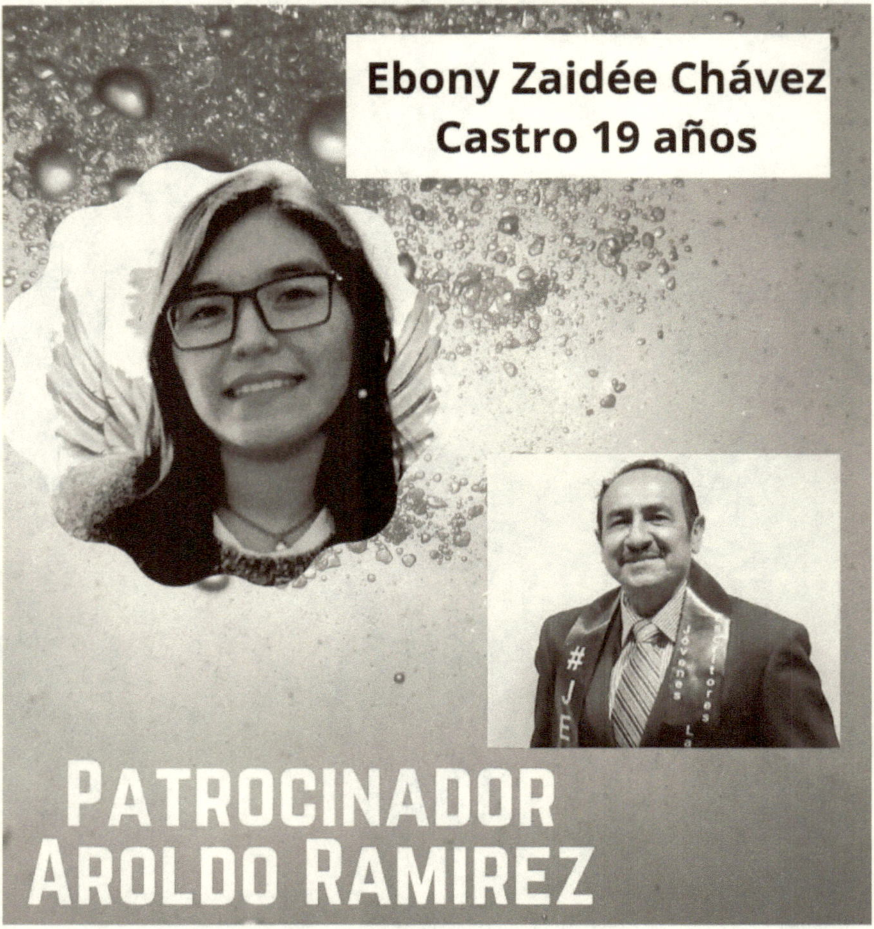

Ebony Zaidée Chávez Castro 19 años

PATROCINADOR AROLDO RAMIREZ

#JEL
Jóvenes Escritores Latinos
info@jel2014.org

Como Salvar Nuestro Planeta !HOY!

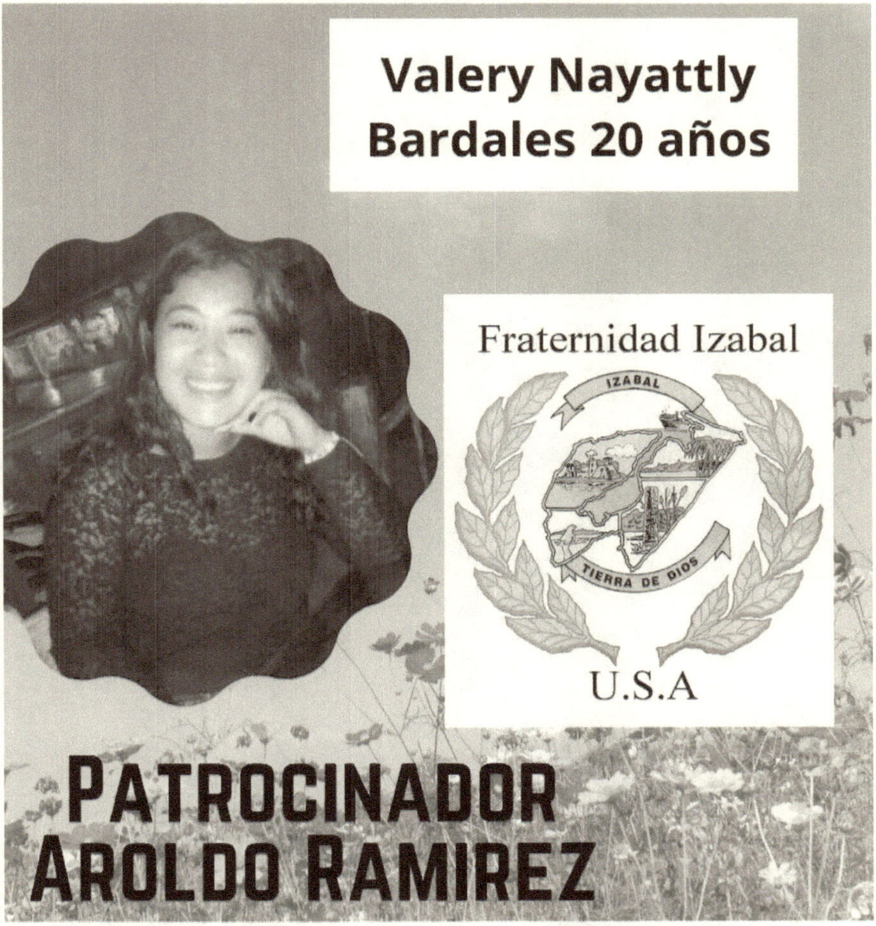

Valery Nayattly Bardales 20 años

Fraternidad Izabal

U.S.A

PATROCINADOR AROLDO RAMIREZ

#JEL
Jóvenes Escritores Latinos
info@jel2014.org

Como Salvar Nuestro Planeta !HOY!

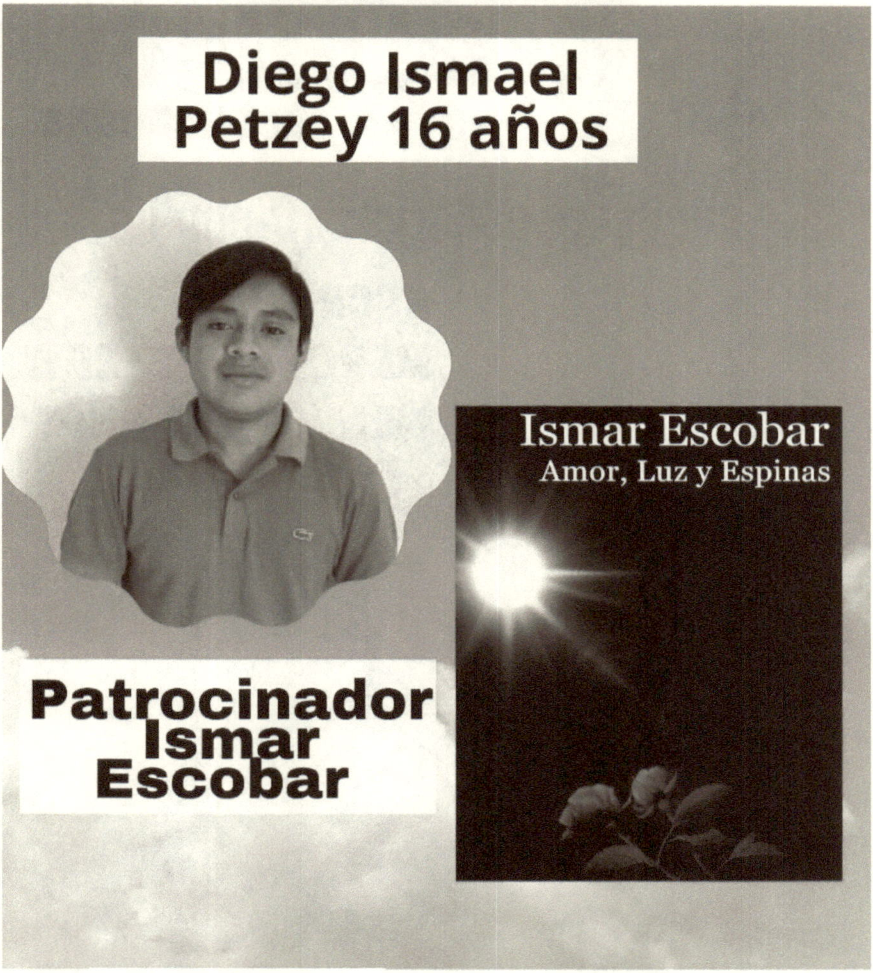

Diego Ismael Petzey 16 años

Patrocinador Ismar Escobar

Ismar Escobar
Amor, Luz y Espinas

#JEL
Jóvenes Escritores Latinos
info@jel2014.org

Como Salvar Nuestro Planeta !HOY!

Wendy Rebeca Masia
18 años

Ismar Escobar
Amor, Luz y Espinas

Patrocinador Ismar Escobar

#JEL
Jóvenes Escritores Latinos
info@jel2014.org

Guate Escribe
FOUNDATION

#JELGuatemala

Como Salvar Nuestro Planeta !HOY!

Gracias por su apoyo a Jóvenes Escritores Latinos

Resolución

#JEL resuelve que dado el aporte a las obras sociales en beneficio a diferentes comunidades latinas, se otorga el presente reconocimiento como:

EMBAJADOR DE PAZ

A

El Charro de la Rosa Blanca

En agradecimiento a su contribución para que la paz reine en nuestras comunidades.

Miriam Burbano

MIRIAM BURBANO
Editorial #JEL - Fundadora / Presidente
info@mbc-education.com

Los Angeles, septiembre 24, 2020

#JEL

Jóvenes Escritores Latinos
info@jel2014.org